Tucholsky Wagner Zola Scott Sydow Fonatne Freud Schlegel
Turgenev Wallace
Twain Walther von der Vogelweide Fouqué Friedrich II. von Preußen
Weber Freiligrath Frey
Fechner Weiße Rose von Fallersleben Kant Ernst Frommel
Fichte Richthofen
Engels Fielding Hölderlin
Fehrs Faber Flaubert Eichendorff Tacitus Dumas
Maximilian I. von Habsburg Fock Eliasberg Zweig Ebner Eschenbach
Feuerbach Ewald Eliot Vergil
Goethe Elisabeth von Österreich London
Mendelssohn Balzac Shakespeare Dostojewski Ganghofer
Trackl Lichtenberg Rathenau Doyle Gjellerup
Stevenson Hambruch
Mommsen Tolstoi Lenz Droste-Hülshoff
Thoma Hanrieder
Dach Verne von Arnim Hägele Hauff Humboldt
Karrillon Reuter Rousseau Hagen Hauptmann Gautier
Garschin Defoe Hebbel Baudelaire
Damaschke Descartes
Hegel Kussmaul Herder
Wolfram von Eschenbach Dickens Schopenhauer
Darwin Melville Grimm Jerome Rilke George
Bronner Bebel Proust
Campe Horváth Aristoteles Voltaire Federer
Bismarck Vigny Barlach Herodot
Gengenbach Heine
Storm Casanova Tersteegen Gilm Grillparzer Georgy
Chamberlain Lessing Langbein Gryphius
Brentano Lafontaine
Strachwitz Claudius Schiller Kralik Iffland Sokrates
Katharina II. von Rußland Bellamy Schilling
Gerstäcker Raabe Gibbon Tschechow
Löns Hesse Hoffmann Gogol Wilde Vulpius
Luther Heym Hofmannsthal Gleim
Roth Klee Hölty Morgenstern Goedicke
Luxemburg Heyse Klopstock Kleist
Machiavelli La Roche Puschkin Homer Mörike Musil
Navarra Aurel Musset Kierkegaard Horaz
Nestroy Marie de France Lamprecht Kind Kraft Kraus
Kirchhoff Hugo Moltke
Laotse Ipsen Liebknecht
Nietzsche Nansen Ringelnatz
Marx Lassalle Gorki Klett Leibniz
von Ossietzky May vom Stein Lawrence Irving
Petalozzi Knigge
Platon Pückler Michelangelo Kafka
Sachs Poe Kock
Liebermann Korolenko
de Sade Praetorius Mistral Zetkin

Der Verlag tredition aus Hamburg veröffentlicht in der Reihe **TREDITION CLASSICS** Werke aus mehr als zwei Jahrtausenden. Diese waren zu einem Großteil vergriffen oder nur noch antiquarisch erhältlich.

Symbolfigur für **TREDITION CLASSICS** ist Johannes Gutenberg (1400 — 1468), der Erfinder des Buchdrucks mit Metalllettern und der Druckerpresse.

Mit der Buchreihe **TREDITION CLASSICS** verfolgt tredition das Ziel, tausende Klassiker der Weltliteratur verschiedener Sprachen wieder als gedruckte Bücher aufzulegen – und das weltweit!

Die Buchreihe dient zur Bewahrung der Literatur und Förderung der Kultur. Sie trägt so dazu bei, dass viele tausend Werke nicht in Vergessenheit geraten.

Tiervater Brehm

Kurt Floericke

Impressum

Autor: Kurt Floericke
Umschlagkonzept: toepferschumann, Berlin

Verlag: tredition GmbH, Hamburg
ISBN: 978-3-8495-2996-3
Printed in Germany

Text der Originalausgabe

Dr. Kurt Floericke

Tiervater Brehm

Seine Forschungsreisen /
Ein Gedenkblatt zum 100. Geburtstag
Stuttgart
Kosmos, Gesellschaft der Naturfreunde

Copyright 1929

by Franckh'sche Verlagshandlung,

Stuttgart

Dr. Kurt Floericke
Tiervater Brehm
Kosmos, Gesellschaft der Naturfreunde
Franckh'sche Verlagshandlung · Stuttgart

Das Umschlagbild nach einer Zeichnung von Professor A. Wagner, Kassel, stellt eine Szene am Nil dar: Brehm hat einen Seeadler geschossen, der Vogel fällt in den Strom, Brehm will ihn im Jagdeifer aus dem Wasser herausholen. Sein Diener warnt vor den Krokodilen. Brehm achtet zunächst nicht auf die Warnung, muß aber im letzten Augenblicke umkehren, denn ein großes Krokodil stürzt sich auf die Jagdbeute

Tiervater Brehm

Seine Forschungsreisen / Ein Gedenkblatt zum 100. Geburtstag

Von

Dr. Kurt Floericke

Mit einem farbigen Umschlagbild von Prof. A. Wagner, einer Zeichnung von W. Planck, 2 Karten und 12 Abbildungen nach zeitgenössischen Bildern oder photographischen Aufnahmen der Gegenwart

Stuttgart

Kosmos, Gesellschaft der Naturfreunde

Geschäftsstelle: Franckh'sche Verlagshandlung

Brehms Lebenslauf

Alfred Edmund Brehm wurde am 2. Februar 1829 in dem ostthüringischen Pfarrhause Renthendorf (Sachsen-Altenburg) geboren.[1] In voller Freiheit, inmitten der thüringischen Wälder aufwachsend, erhielt er dort die denkbar beste Erziehung zum künftigen Naturforscher, denn sein Vater war einer der bedeutendsten Vogelforscher seiner Zeit. Mit einem geradezu fabelhaften Scharfblick für die feinsten Unterschiede in Gestalt und Gefieder der Vögel begabt, kann er in gewissem Sinne als ein Vorläufer Darwins und der heutigen Formenkreislehre angesprochen werden. Von seiner Mutter, Bertha Reiz, erbte Alfred das ausgesprochene Feingefühl für die Schönheiten einer reinen deutschen Sprache, und nicht zuletzt besteht darin der große Einfluß, den er durch seine Schriften auf weiteste Kreise des Volkes gewonnen hat. Brehm war nicht nur ein ausgezeichneter Naturschilderer, sondern zugleich ein Klassiker der deutschen Prosa, der ein fast fremdwortfreies Deutsch schrieb (für einen damaligen Gelehrten etwas Unerhörtes!) und es großartig verstand, prachtvolle Sätze zu bauen, ohne doch jemals in Schwülstigkeiten oder lateinischen Periodenbau zu verfallen.

Bestimmend für seinen Lebenslauf wurde der Umstand, daß sich ihm schon im 18. Lebensjahre Gelegenheit bot, eine große Forschungsreise nach dem Sudan, einem damals noch fast unbekannten Land, mitzumachen. Sie gestaltete sich ungemein abenteuerlich und hielt den jungen Forscher unter den größten Entbehrungen volle fünf Jahre im schwarzen Erdteil zurück. Nach seiner endlichen Heimkehr konnte von einer Fortsetzung der vorher begonnenen Architektenlaufbahn natürlich keine Rede mehr sein, sondern er studierte in Jena, wo er seiner ausländischen Tiere wegen unter dem Spitznamen »Pharao« bekannt war, und in Wien Naturwissenschaften mit besonderer Berücksichtigung der Tierkunde. Nach Abschluß der Hochschulbildung konnte er an die Gründung eines eigenen Heims denken, übernahm eine Lehrerstelle für Naturgeschichte und Geographie an der höheren Töchterschule in Leipzig und führte seine längst still geliebte Base Mathilde Reiz aus Greiz

---

[1] Im »Tierleben« ist irrtümlich Sachsen-Weimar als Brehms Heimat angegeben

zum Altar. Sie war für ihn geradezu die gegebene Gattin, und er hätte keine bessere Wahl treffen können.

Eifersüchtiger auf die Wahrung seines Ruhmes bedacht als er selbst, bemühte sie sich, ihm ein heiteres und gemütliches Heim zu schaffen und alle unangenehmen Störungen von ihm fernzuhalten, um ihm so ein von äußeren Einflüssen unabhängiges Arbeiten zu ermöglichen. Die kleine behende Frau brachte ihn sogar manchmal dazu, die geliebte Jagdjoppe auszuziehen und in den verhaßten Frack zu schlüpfen, freilich nie dazu, einflußreichen Leuten schön zu tun und zu schmeicheln. Brehm ist vielmehr sein ganzes Leben hindurch ein frühzeitig selbstbewußter und unbeugsamer Charakter geblieben, was im äußeren Leben zu manchen Reibungen führte. Aus der Ehe ging ein Sohn, Horst, hervor, der Arzt wurde und sich nebenbei zu einem angesehenen Fachmann auf dem Gebiete der Fischkunde und Fischzucht entwickelte. Er ist schon im besten Mannesalter verstorben, aber sein Sohn Oskar schien die volle schriftstellerische und naturforscherische Begabung des Großvaters geerbt zu haben. Leider ist er dem Weltkrieg zum Opfer gefallen und damit die berühmte Gelehrtenfamilie Brehm, wie so viele andere, im männlichen Geschlecht ausgestorben. Zwei Töchter Alfred Brehms leben dagegen noch heute in dem bescheidenen Landhaus in Renthendorf, das ihr Vater sich neben dem alten Pfarrhaus erbaut hatte, als seine äußeren Lebensumstände sich günstiger gestalteten. Das Familienleben dieses Hauses war das denkbar schönste und glücklichste und erhielt erst einen Riß nach dem Heimgange der Mutter bei der Geburt ihres jüngsten Kindes, wie mir Frl. Thekla Brehm schrieb, hielt der Vater streng darauf, daß seine Kinder von seinem Ruhm möglichst wenig erfuhren. Sie hatten tatsächlich kaum eine Ahnung davon. Tagsüber kam der Vater nicht vom Schreibtisch fort, und abends las er in seinen Klassikern. Seine Erholungsstunden füllte er mit Blumen- und namentlich mit Rosenzucht aus, während er sonst für Botanik eigentlich auffällig wenig Sinn hatte, ebenso für die niederen Tiere. Sein ganzes Herz gehörte den Wirbeltieren, in erster Linie den Vögeln und Säugern.

Brehms Bleiben in Leipzig währte nicht lange, aber man könnte noch heute seine Schülerinnen um den Unterricht beneiden, den sie genossen haben und der gewiß himmelweit abwich von dem, wie er sonst damals üblich war. Wichtige Verbindungen, die für Brehms ganzes Leben maßgebend wurden, sind aber während dieses Leipziger Aufenthaltes geknüpft worden, so mit Roßmäßler, der damals dem Gedanken volkstümlicher Naturbeschreibung siegreich Bahn brach und mit Brehm zusammen die »Tiere des Waldes« herausgab, und namentlich mit Ernst Keil, dem weitsichtigen und großzügigen Verleger der »Gartenlaube«, die sich nicht zuletzt durch Brehms Mitarbeiterschaft zum führenden deutschen Familienblatte emporschwang. Viele der besten und schönsten Aufsätze Brehms sind ja in der »Gartenlaube« erschienen. Um dem geschätzten Forscher und Mitarbeiter nach seiner Tropenreise auch einen Einblick in die nordische Vogelwelt zu geben, schickte ihn Keil auf seine Kosten nach Skandinavien und Lappland. Schon 1862 bot sich Gelegenheit zu einer zweiten Tropenreise, als Herzog Ernst II. von Sachsen-Koburg-Gotha Brehm zur Teilung einer Reise nach Abessinien mit zahlreichem Gefolge aufforderte. Brehm hätte nicht Brehm sein müssen, wenn er nicht mit Freuden zugesagt hätte. Es muß jedoch betont werden, daß es sich bei dieser und den späteren Reisen nicht etwa um bloße Jagdreisen handelte, mit dem Ziele, möglichst viele Trophäen einzuheimsen, sondern daß der Hauptzweck ein wissenschaftlicher war und der Herzog infolgedessen, ebenso wie später Kronprinz Rudolf von Österreich, von einem ganzen Stabe von Gelehrten, Künstlern und Präparatoren begleitet war. Für eine bloße Jagdreise wäre Brehm nicht zu haben gewesen. Leider hatte er gerade bei der Abessinienreise, ebenso wie früher im Sudan, schwer unter Malaria zu leiden und wurde dadurch sehr in seiner Tätigkeit behindert. Mit Kronprinz Rudolf verband ihn ein wahrer Freundschaftsbund, und Brehm, der in Österreich geadelt wurde, aber niemals davon Gebrauch gemacht hat, ging in seiner Jagdjoppe auf dem Hradschin in Prag und auf der Königsburg in Ofen unangemeldet ein und aus. Gemeinsam mit Brehm unternahm er eine kurze, aber ergebnisreiche Forschungsreise nach der unteren Donau, und zwei Jahre später eine ebensolche nach Spanien. Vorausgegangen war 1877 eine Reise nach dem südwestlichen Sibirien, die zwar ihr Ziel nicht völlig erreichte, aber doch in bezug auf Tier- und Völkerkunde reiche Früchte trug.

Zwischen diesen verschiedenen Forschungsreisen liegt Brehms Tätigkeit als Tiergärtner. Schon 1863 war aus Hamburg ein verlockender Ruf zur Leitung des dortigen, sehr heruntergewirtschafteten Tiergartens an ihn ergangen; er hatte begeistert angenommen und in wenigen Jahren Großartiges geleistet. Aber mit dem vielköpfigen und engherzigen Aufsichtsrat, der für Brehms ideale Bestrebungen wenig Verständnis hatte, konnte er sich nicht befreunden und legte deshalb schon nach wenigen Jahren das Amt nieder. Trotz dieser bitteren Erfahrung begab er sich gleich darauf in ein ähnliches Joch, diesmal nach Berlin, wo nach seinen Plänen das Aquarium »Unter den Linden«, eine für die damalige Zeit einzig dastehende Schöpfung, errichtet wurde. Es ist fabelhaft, was Brehm hier nach jeder Richtung hin geschaffen hat. Aber trotzdem wiederholte sich die Tragödie von Hamburg, seitdem lebte er als freier Schriftsteller, der im Sommer an seinen Werken arbeitete und im Winter seine berühmten Vorträge hielt.

Von seinen Werken seien noch besonders »Das Leben der Vögel«, das er selbst für sein bestes Buch hielt, und zwei Bände »Gefangene Vögel« erwähnt, sein eigentliches Lebenswerk ist aber das »Illustrierte Tierleben«, das 1863 in erster Auflage zu erscheinen begann, ein Werk, um das uns alle Völker beneiden, denn es ist einzig in seiner Art. Es hat die Tierkunde, die bis dahin ausschließlich von nüchternen Fachgelehrten in der trockensten und langweiligsten Weise behandelt wurde, mit einem Schlage volkstümlich gemacht und dem deutschen Volk die altgermanische Liebe zum Tier neu erweckt. Mit diesen umfangreichen Länden wurde zum erstenmal die Tierbiologie der Systematik und Anatomie ebenbürtig, und wenn heute gerade die Runde vom *lebenden* Tier eine hervorragende Rolle spielt, so ist das zweifellos in erster Linie auf Brehms unsterbliches Werk zurückzuführen.

Brehm, der nur 55 Jahre alt geworden ist, war in den Jahren seiner Blüte eine männlich schöne, schlanke und doch kraftvoll gewachsene Erscheinung. Die hohe, breite Stirn, die stark entwickelte Adlernase, der starke Vollbart und das reiche, zurückgestrichene Haupthaar gaben seiner Erscheinung etwas Apostelartiges, und ein Apostel der Tierkunde ist er ja auch gewesen. Sein Charakter war von männlicher Festigkeit, die bisweilen bis zur Schroffheit gesteigert werden konnte, aber trotzdem liebenswürdig, den Freunden gegenüber stets hilfsbereit und von unerschütterlicher Treue. Ein gewisses Selbstbewußtsein vereinigte sich mit größter Anspruchslosigkeit und Bescheidenheit.

Im Renthendorfer Pfarrhaus

»Alfred, nun hole uns doch auch noch den Kasten mit den gelben Bachstelzen her! Die muß der Herr Baron sich unbedingt noch recht genau ansehen, denn gerade mit diesen Vögeln wird er sicherlich am Nil vielfach zusammentreffen.«

Der so sprach, war seit dem Kriegsjahre 1813 wohlbestallter Pfarrherr in dem ostthüringischen Dörfchen Renthendorf: Christian Ludwig Brehm (1787-1864), eine hohe Gestalt mit verwitterten Gesichtszügen, etwas zu lang und dick geratener Nase. Scharf, aber unendlich gutmütig blickten die Augen. Das schwarzsamtene Hauskäppchen, das er immer trug, verlieh ihm etwas Patriarchalisches. Sein wesentlich jüngerer Besucher war der schwäbische Baron Joh. Wilh. Müller, der sich bereits durch eine Afrikareise in der wissenschaftlichen Welt einen guten Namen verschafft hatte und nun wieder nach dem schwarzen Erdteil gehen und dabei der Vogelwelt besondere Aufmerksamkeit schenken wollte. Bei wem aber hätte er sich dazu über vogelkundliche Fragen bessere Auskunft holen können als bei dem »alten Brehm«, wie der Renthendorfer Pfarrherr schon damals allgemein hieß, war dieser doch neben Joh. Friedr. Naumann der bedeutendste Vogelforscher seiner Zeit und deshalb das weltentlegene thüringische Pfarrhaus ein wahres Mekka der Ornithologen, das fast niemals von Gästen leer wurde. Die große und nach ganz neuartigen Gesichtspunkten angelegte Vogelbalgsammlung des Hausherrn gab dann stets unerschöpflichen Stoff zu gelehrten Untersuchungen, endlosen Gesprächen und oft hitzigem Austausch der verschiedensten Ansichten.

Alfred, der sich seit seiner Konfirmation (1843) im nahen Altenburg der Architektenlaufbahn widmete, war damals im zeitigen Frühjahr 1847 ein kaum 18jähriger Jüngling, prächtig gewachsen, mit hellen Augen und gesund gebräunten Gesichtszügen. Als wissenschaftlicher Gehilfe des vogelkundigen Vaters wußte er in der Sammlung natürlich gründlich Bescheid. So sehr sie auch in den beschränkten Räumlichkeiten verkramt und verzettelt war, hatte er doch alsbald mit sicherem Griff den Kasten mit den Viehstelzen herausgefunden, brachte ihn angeschleppt und stellte ihn auf den Tisch, erst andere, dort schon ausgebreitete Vogelbälge beiseite schiebend. In langen Reihen lagen die schlanken, spitzköpfigen und langschwänzigen, auf der Bauchseite leuchtend gelb gefärbten Vögel da. »Nun sehen sie doch einmal, Herr Baron, diese gewaltigen Verschiedenheiten«, ergriff mit dröhnender Stimme der Hausherr eifrig das Wort. »Wer nicht ganz mit Blindheit geschlagen ist, muß sie doch auf den ersten Blick sehen, und ich begreife nicht, daß es immer noch Ornithologen gibt, die diese Unterschiede ganz leugnen oder sie nur für solche nach Geschlecht und Jahreszeiten halten. Darum handelt es sich aber keineswegs, sondern um abweichende geographische Formen, also um das, was ich ›Subspezies‹ nenne, hier sehen Sie z. B. eine ganze Reihe Schafstelzen, die im Gegensatz zu den anderen eine weiße Kehle haben. Das sind Südeuropäer; ich bekam sie aus Italien. Die nächste Reihe hat nicht, wie gewöhnlich, aschgraue Ohrdecken, sondern schieferschwarze. Sie sind zwar in Deutschland erlegt, aber trotzdem auf gar keinen Fall deutsche Brutvögel, sondern Nordländer, die uns nur auf dem Durchzuge besuchen, sehen Sie nur einmal die Begleitzettel näher an. Immer werden Sie finden, daß das Erlegungsdatum mit der Zugzeit dieser schönen Vögel zusammenfällt. Und dann drehen sie die Bälge einmal um und achten Sie auf das Vorhandensein oder Fehlen des Augenbrauenstreifens oder auf die ganz verschiedene Färbung des Oberkopfes.« -- »Hier haben wir«, wagte Alfred einzuwerfen, »sogar einige Stücke mit glänzend schwarzem Oberkopf, die wir neulich durch Professor Naumann von den anhaltinischen Besitzungen in Südrußland erhalten haben.«

Interessiert vertiefte sich der Gast in die nähere Betrachtung der sauber hergerichteten und mit peinlichster Genauigkeit etikettierten Bälge. »In der Tat«, meinte er dann, »sind die Unterschiede zwischen den Viehstelzen verschiedener Herkunft viel größer und auffälliger, als ich sie mir nach den bloßen Beschreibungen gedacht habe.« -- »Also achten Sie unbedingt in den Nilländern ja recht genau gerade auf diese Vogelgruppe«, rief der Hausherr. »Ich möchte wetten, daß dort im Winter auch alle möglichen östlichen Formen vorkommen. An ihrem Federkleid können Sie dann ganz genau feststellen, wo die einzelnen Stücke ihre Brutheimat haben. Bedenken Sie doch nur, welch ungeahntes Licht dadurch auf das große Rätsel des Vogelzuges fallen würde!« -- »Gewiß, Herr Pastor, sie haben sicherlich vollkommen recht, und ich würde herzlich gerne

Ihrem Rate folgen. Als verantwortlicher Expeditionsleiter ist man aber nach nur allzuviel Richtungen hin in Anspruch genommen und darf sich nicht zu sehr zersplittern. Auch gestehe ich offen, daß mich als leidenschaftlichen Weidmann die Jagd auf afrikanisches Großwild natürlich doch mehr reizt als die auf kleine Singvögel. Es fehlt auch oft an Zeit und Muße zum Präparieren, zumal in der Gluthitze der Nilländer die erlegten Vögel sehr rasch in Verwesung übergehen. Aus allen diesen Gründen sollte ich noch einen Reisegefährten mithaben, einen tüchtigen jungen Ornithologen, der körperlich den Anstrengungen einer solchen Reise gewachsen ist und geistig hoch genug steht, um mir nicht nur Reisegefährte, sondern auch Freund zu sein. Es wird ja nicht leicht sein, den richtigen Mann zu finden, aber vielleicht könnten Sie mir bei Ihren ausgedehnten Verbindungen zu einer wirklich geeigneten Persönlichkeit verhelfen.« Der Blick des Barons streifte in diesem Augenblick lauernd und prüfend die sehnige, kraftvolle Gestalt des jungen Brehm, aber der Vater schien es nicht zu bemerken. »Ich werde über die Sache nachdenken«, meinte er kurz und kam dann gleich wieder auf seine geliebten Vogelbälge zurück.

Christian Ludwig Brehm (1787–1864), der Vater des Tierforschers, Pfarrer in Renthendorf.
Nach einem alten Holzschnitt

Schon mehrmals war Thekla, die blühend schöne Tochter des Hauses, in der Türe erschienen und hatte dringend zum Essen gebeten, aber ihr Vater meinte nur unwirsch, essen könne der Baron daheim im schönen Land der »Spätzleschwaben« genug, hier bei ihm aber müsse er alle verfügbare Zeit der Vogelkunde widmen. Endlich ließ er sich doch bewegen, auch das leibliche Wohl seines Gastes zu berücksichtigen. Bei Tisch erzählte der Baron viel und anschaulich von seiner großen Afrikareise. Mit geröteten Wangen und leuchtenden Augen trank ihm Alfred sozusagen jedes Wort von den Lippen, seine lebhafte Einbildungskraft schaute mit durstigen Augen die öden Wüsten und die weiten Steppen, die vogelreichen Urwälder und die fieberschwangeren Sümpfe des schwarzen Erdteils, spiegelte ihm in leuchtenden Farben ein freies Forscher- und Jägerleben vor. Er mußte sich gleich nach der Mahlzeit verabschieden, um in achtstündigem Fußmarsch Altenburg zu erreichen, wo er bei einer Baufirma untergebracht war und am nächsten Morgen wieder zur Arbeit zu erscheinen hatte. »O Vater,« flüsterte er diesem beim Abschied zu, »wenn doch der Baron mich mitnehmen wollte! Ich ginge, gleich und wäre der glücklichste Mensch unter der Sonne.«

»Also acht Stunden hat Ihr Alfred zu laufen und muß doch morgen früh im Büro frisch sein,« begann der Baron, als er mit dem alten Brehm wieder bei den Vogelbälgen saß, »wirklich eine tüchtige Leistung!« -- »Oh, das macht dem Jungen nichts aus,« erwiderte der Pfarrer, »daran ist er gewöhnt. Ich habe meine Kinder frank und frei aufwachsen und sie sich tüchtig in unseren schönen Wäldern tummeln lassen. Dadurch sind sie kerngesund geblieben und frühzeitig abgehärtet worden. Namentlich Alfred war schon von Kindesbeinen an mein unzertrennlicher Begleiter auf tagelangen ornithologischen Ausflügen, auf denen es wenig zu beißen und viel zu laufen gab. Wie glücklich war er, wenn er nur meine Jagdtasche tragen durfte, und nie werde ich die selige Freude vergessen, die er empfand, als ich ihm zu seinem 8. Geburtstage eine kleine Vogelflinte schenkte. Er hat sich bald zu einem treffsicheren Schützen ausgebildet, und meine Sammlung verdankt ihm manches schöne, wertvolle Stück.« -- »Ich war höchst erstaunt«, fügte der Baron ein, »über die verblüffende Fachkenntnis eines so jungen, kaum dem Knabenalter entwachsenen Mannes.« »Ja, er ist mein ganzer Stolz,« sagte der Pfarrer einfach, »und ich glaube selbst, daß das Zeug zu einem tüchtigen Naturforscher in ihm steckt. Alle in unserer Gegend vorkommenden Vögel kennt er heute schon nach Erscheinung, Aufenthalt und Lebensgewohnheiten ebenso gut wie ich selbst; kein Vogelnest entgeht seinem scharfen Auge, kein Lockton seinem wunderbar geschulten Ohr.« -- »Aber, Herr Pfarrer, das ist ja gerade der Mann, den ich für meine neue Reise so sehr suche und brauche! Geben sie mir Ihren Alfred mit, und ich will ihn halten wie meinen eigenen Bruder!« -- »Na, der Alfred selber wäre wohl gerne damit einverstanden; er hat schon vorhin so etwas verlauten lassen, denn sie haben ihm mit Ihren afrikanischen Reiseschilderungen den Mund gehörig wässerig gemacht. Ich wette, er träumt morgen schon über seinem Reißbrett von den wildesten afrikanischen Jagdabenteuern und zerbricht sich den Kopf darüber, welche Vogelarten wohl an dem großen Märchenstrome Nil vorkommen könnten.« »Aber, Herr Baron, im Ernste gesprochen, der Bursche ist doch für ein solches Unternehmen noch gar zu jung, denn er hat ja erst vor wenigen Wochen sein 17. Lebensjahr vollendet. Außerdem würde er durch eine solche Reise doch gar zu sehr aus seiner beruflichen Laufbahn herausgerissen werden und womöglich gar den Geschmack an ihr verlieren. Es ist ja jammerschade, daß ich ihn nicht zum Studium der Naturwissenschaften nach Jena schicken konnte. Aber dort studiert schon mein älterer Sohn Reinhold Medizin, und für zwei studierende Söhne reicht das knappe Einkommen eines simplen Dorfgeistlichen nun einmal nicht aus.« So mußte ich eben Alfred beim Baufach unterbringen, damit er früher ins Brot kommt.«-- »Aber der Bursche ist ja doch der geborene Naturforscher und wird sich deshalb auch nur als Naturforscher wahrhaft glücklich fühlen. Also lassen sie ihn ruhig mit mir nach Afrika gehen! Nach der Heimkehr wird man dann schon sehen, nach welcher Richtung sein Lebensschifflein weiter steuern wird. Ich meine, es kann doch wohl keinem jungen Manne etwas schaden, wenn er sich den Wind tüchtig um die Nase wehen läßt und ein gutes Stück von der Welt zu sehen bekommt, noch ehe er sich für einen bestimmten Beruf entscheidet. Er ist ja auch weit über seine Jahre gereift, würde also nicht wie ein dummer Junge ins schwärzeste Afrika hineintappen, sondern von vornherein nach einem ganz bestimmten wissenschaftlichen Plane arbeiten.« -- »Das würde er allerdings sicherlich, und ich glaube, auch in jeder anderen Beziehung könnten Sie sich voll und ganz auf meinen Alfred verlassen. Aber was würde meine Frau zu der Sache sagen? Es würde ihr doch ungeheuer schwer fallen, ihren Liebling in so weiter Ferne einem Ungewissen Schicksale und tausenderlei Gefahren preisgegeben zu wissen.« »Nun, Herr Pfarrer, mir stehen alle in Gottes Hand, und überflüssige Gefahren will ich nicht aufsuchen. Das verspreche ich Ihnen. Die größte und unvermeidlichste Gefahr im Sudan ist wohl das klimatische Fieber, aber gerade ein so jugendfrischer Körper wie der Ihres Sohnes wird ihm am ehesten gewachsen sein. Und dann bedenken Sie den großartigen und wissenschaftlich unendlich wertvollen Zuwachs, den Sie durch Alfreds Mitkommen für Ihre Sammlungen zu erwarten hätten.«

Damit hatte der Baron den schwachen Punkt des alten Brehm getroffen, denn über seine Vogelbalgsammlung ging ihm nichts. »Das ist allerdings wahr,« rief er ganz begeistert aus, »denn keiner weiß mit solchem Verständnis für mich zu sammeln, keiner kennt so genau das Material und die Grundlagen, die mir für meine wissenschaftlichen Arbeiten nötig sind, wie mein Alfred. Ich sammle ja nicht blindlings drauf los und suche nicht aus bloßer Raffgier Tausende von Vogelbälgen zu ergattern, sondern ich will von jeder paläarktischen Vogelart sämtliche Federkleider zusammenbringen, die ja oft nach Geschlecht, Alter und Jahreszeit sehr verschieden sind und überdies Stücke oder womöglich gepaarte Pärchen aus den verschiedensten Ländern ihres Verbreitungsgebietes, um so über die geographische Abänderung der Art Klarheit zu gewinnen. Die Art ist ja nicht ein so festumrissener und starrer Begriff, wie der große Linné glaubte. Ich weiß, daß viele Zeitgenossen mich wegen meiner vielen Subspezies auslachen, aber ich weiß auch, daß später einmal eine Zeit kommt, die mir Recht geben wird.«

Ein Wort gab das andere. Die Dämmerung senkte sich hernieder. Und in dieser Stunde wurde über die Lebensbahn Alfred Edmund Brehms entschieden. Die nächsten Wochen verstrichen unter allerlei Reisevorbereitungen. Am 6. Juli 1847 trat Baron Müller von Triest aus mit seinem jungen Gefährten hoffnungsfroh die Ausreise an. Damit begann für Alfred Brehm ein neuer und wohl der abenteuerlichste Abschnitt seines Lebens. Der Abschied von Renthendorf, von Eltern und Geschwistern mag dem Jüngling schwer genug geworden sein, und der Vater hätte seine Erlaubnis sicher noch zurückgezogen, wenn er hätte ahnen können, daß der schwarze Erdteil seinen Liebling unter unsäglichen Strapazen und Entbehrungen fünf volle Jahre zurückhalten und überdies noch das Leben eines zweiten Sohnes fordern würde.

So war der alte Brehm, von dem später der Sohn schrieb: »Das Studium der Natur war ihm Gottesdienst.« Bei einem Besuche Renthendorfs im Sommer 1908 konnte ich mich mit Freude überzeugen, mit welcher Liebe und Verehrung noch heute die Leute von ihrem unvergeßlichen »Vogelpastor« sprechen, wie sie ihn mit gutmütigem Spotte nannten. Man darf nicht etwa glauben, daß Christian Ludwig Brehm über seiner leidenschaftlichen Hingabe an die Wissenschaft der Vogelkunde sein Pfarramt vernachlässigte. Er war vielmehr ein ausgezeichneter und allzeit opferwilliger Seelsorger; die Bauern waren deshalb mit ihrem »Vogelpastor« baß zufrieden, sahen ihm mancherlei Schrullen und Eigentümlichkeiten gerne nach und überbrachten ihm für seine Sammlung alle Vögel, die ihnen der Zufall in die Hände spielte, soweit sie sich nicht etwa -- essen ließen. Der alte Brehm gehörte nicht zu denen, die ihr Christentum stets auf den Lippen tragen, aber er wußte mit seinen Bauern ein gar kräftig und erbaulich Wörtlein zu reden, ganz ihrer einfachen Denkweise sich anpassend und seine christliche Nächstenliebe mehr durch rasche Taten als durch lange Predigten bekundend. Deshalb mochten sie ihn auch alle so gern, den Mann mit dem durchdringenden Scharfblick, der offenen Hand und dem gütigen Herzen, ihn, der seine Gemeinde ein halbes Jahrhundert hindurch getreulich behütet, ihn, der zwei Geschlechterfolgen von ihnen getauft, konfirmiert, getraut und zu Grabe geleitet hatte, ihn, der sie mit ihren kleinen Nöten und Sorgen ebenso genau kannte wie die eigenen Kinder, ihn, der auch nie müde wurde, ihnen die wundersame Herrlichkeit der Natur zu verkündigen, was dem Vater Liebhaberei und Ablenkung bedeutete, wurde -- ins Große geweitet -- dem Sohne Alfred zum Beruf. Ein Bahnbrecher auf dem Wege zur Tierseele, ein Vorkämpfer der Wissenschaft, der ihr neue Wege wies und das vom Trümmergestein der Systematik verrammelte Tor zur Biologie mit starker Hand öffnete, der die Kunde vom *Tierleben* uns erschloß -- das war Alfred Brehm.

Nilfahrten

Zwei schwerfällige Segelbarken, sogenannte Dahabijes, krachten infolge ungeschickter Steuerung mitten auf dem Nil gewaltig aufeinander, wobei dem vorderen Schiff das Steuerruder weggerissen wurde. Wüstes Toben, Schreien, Schimpfen und Kreischen erhob sich über dem heiligen Strome, fast noch übertäubt von dem gellenden Zetergeschrei der verschleierten Weiber, mit denen das beschädigte Fahrzeug vollgepfropft war. Brehm und Baron Müller, die in der kleinen Kajüte des anderen Schiffleins gerade ein wenig geschlummert hatten, stürzten, mit Pistolen und Säbeln bewaffnet, erschrocken an Deck, um zu sehen, was los sei, gefolgt von einem langen Engländer und seiner französischen Geliebten, die gleichfalls diese Barke zur Fahrt nach Kairo benützten, denn Eisenbahnen gab es ja damals in Ägypten noch nicht. Sie kamen gerade zurecht, um zu sehen, wie vier nackte Matrosen der beschädigten Barke durchs Wasser schwammen, an den eigenen Schiffswänden emporkletterten und unter fürchterlichem Geschrei und einer Flut von Schimpfworten mit der Mannschaft zu raufen anfingen. Der Reïs (Schiffseigentümer) rief den Europäern angstvoll zu, ihm gegen die »Räuber und Mörder« beizustehen. Das war das Zeichen zum Gegenangriff. Baron Müller hieb dem nackten Steuermann der Gegenpartei mit seinem Säbel derartig über den Kopf, daß er in den Strom fiel und sich kaum über Wasser halten konnte. Brehm ging mit bloßem Hirschfänger auf die anderen drei Kerle los und trieb sie mit scharfen Hieben vor sich her. Der verblüffte Engländer dagegen griff erst zu den Waffen, nachdem ihn die mutige Französin durch ein paar schallende Ohrfeigen drastisch genug dazu aufgefordert hatte. Der überwundene Feind stürzte in den Strom und schwamm zu seiner Barke zurück. Auf dieser erhob sich ein Heidenlärm. Ein ganzer Haufe aufgeregter Männer bewaffnete sich unter Wutgeschrei und Rachegeheul mit derben Knüppeln und traf alle Anstalten zu einem neuen Angriff. Doch unterblieb er, als die Europäer ihre Büchsen herbeiholten, mit Kugeln luden und jeden zu erschießen drohten, der es wagen sollte, sich ihrem Schiff zu nähern.

Nicht ohne Beschämung hat Brehm selbst später über diesen Zwischenfall geurteilt: »Nur gänzliche Unkenntnis des Landes und seiner Bewohner konnte unser Verfahren entschuldigen. Zwei Jahre später würde ich jene Matrosen mit der Peitsche und nicht mit dem Säbel verjagt haben. Die armen, von uns so sehr verkannten Burschen hatten keineswegs die Absicht gehabt, uns anzugreifen, sondern wollten sich von unserem Kapitän nur die Entschädigung für das ihnen zerbrochene Steuer zahlen lassen. Daß die Leute dabei aus vollem Halse schrien und anderweitigen Lärm zu verursachen bemüht waren, hätte einen mit ihren Sitten vertrauten nicht beunruhigt, weil er gewußt haben würde, daß die Araber bei jeder Gelegenheit schreien und lärmen.«

*

»Herr, was willst du von meiner Frau?« wurde Brehm wütend von einem riesenhaften, baumstarken Nubier angebrüllt, der wie ein gereizter Tiger auf ihn losfuhr. Dieser Kerl, ein gewisser Aabd Lillahi, der durch Trunksucht, Roheit und Jähzorn schon wiederholt unangenehm aufgefallen war, hatte nämlich seine Frau mit an Bord, eine sehr hübsche, blutjunge Nubierin, und Brehm war rein zufällig auf dem engen Verdeck in allzu große Nähe der nußbraunen Schönheit geraten. Er mochte beteuern, was er wollte, der Schwarze betrachtete ihn von diesem Augenblicke an mit grenzenloser Eifersucht und schien überhaupt die beiden Deutschen aus tiefster Seele zu hassen. Einige Tage später lag Brehm fieberkrank im Schiffsraum, als er auf Verdeck wütend schimpfen und fluchen hörte. Auf Befragen erfuhr er von seinem Diener, daß die Schiffsmannschaft auf den Baron zornig wäre, weil er zum Jagen an Land gegangen sei und nicht zurückkäme, obwohl gerade jetzt nach längerer Windstille ein günstiger Nordwind eingesetzt habe. Nun habe man den Aabd Lillahi ausgeschickt, ihn zu holen. Bei Nennung dieses Namens ahnte Brehm gleich nichts Gutes. Er raffte sich auf, ergriff seine Büchse und eilte auf Deck, wo er auch schon den Baron vom nahen Strande her laut um Hilfe rufen hörte. Der Nubier drängte ihn nämlich geradezu mit Gewalt nach dem Ufer und schlug sogar auf ihn los. Der mit Recht darob erzürnte Baron riß seine Jagdflinte herunter, um dem Rohling einen Kolbenschlag zu versetzen, aber der Schwarze preßte ihm mit der Hand die Kehle zusammen und suchte sich des Gewehres zu bemächtigen. Brehm sah seinen Freund und Gönner in höchster Not und nahm deshalb den Nubier aufs Korn, aber er konnte nicht abdrücken, da die beiden Kämpfer so eng verschlungen waren, daß der Schuß auch den Baron im höchsten Grade gefährdet hätte. Endlich wurde der Nubier freier, und Brehm zielte genauer, aber da brach jener plötzlich noch vor dem Schuß blutend zusammen: der Baron hatte ihm sein Dolchmesser in die Brust gestoßen! Entsetzt schrie das Schiffsvolk auf und schwur fürchterliche Rache. Nur die entschlossene Haltung und die ernstesten Drohungen der beiden wohlbewaffneten Deutschen, sowie ihr Versprechen, sich in Dongola dem Gericht des Statthalters zu stellen, vermochten weiteres Unheil und Blutvergießen zu verhüten. Die Verwundung Aabd Lillahis erwies sich glücklicherweise nicht als lebensgefährlich, da eine Rippe die Kraft des Dolchstoßes gebrochen hatte, schließlich war der wüste Kerl mit einem Schmerzensgelde von drei Talern zufrieden, und damit fand dieser unangenehme Zwischenfall seine Erledigung.

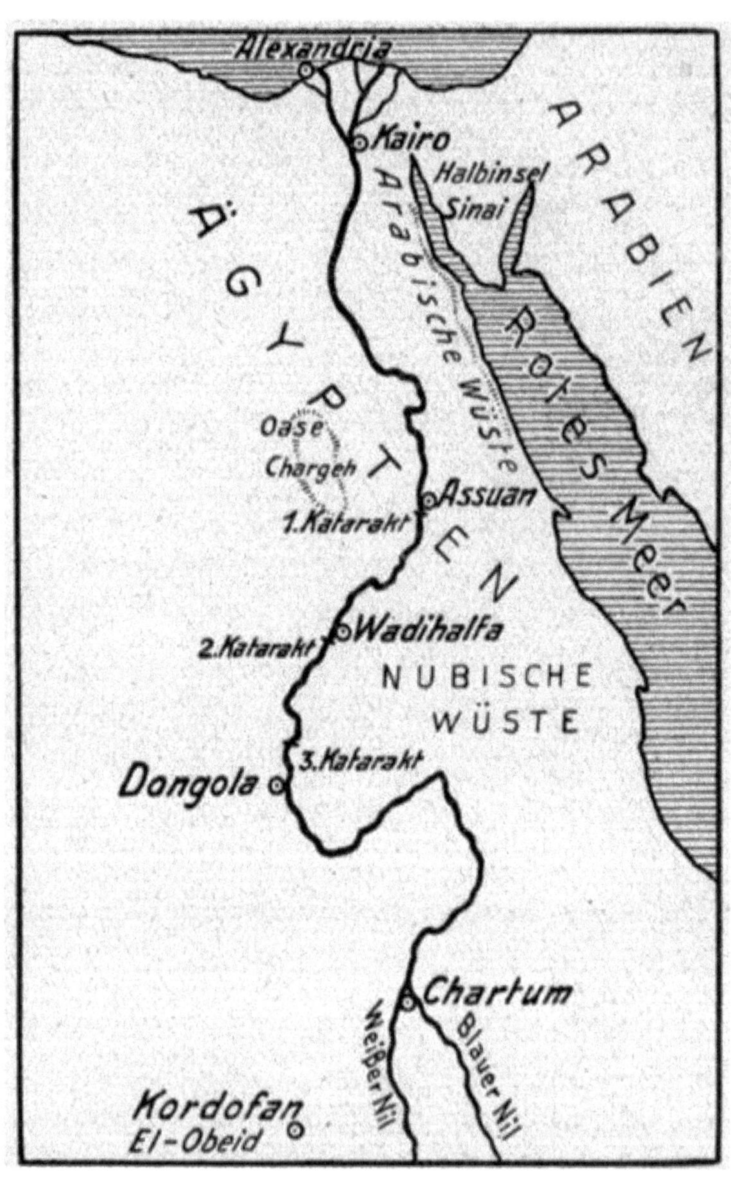

Eine Übersichtskarte zu Brehms Nilreisen Nach einer Karte vom Jahre 1865

Blieben also diese Segelbarkenfahrten, die unsere Reisenden über Chartum hinaus bis in den Blauen und Weißen Nil führten, auch nicht ohne unliebsame Abenteuer, so waren sie andererseits doch gerade für den Naturforscher zweifellos die angenehmste, genußreichste und lohnendste Art des Reisens in den damals noch so wenig bekannten Ländern des Sudan. Diese gemächliche Art des Reisens stromaufwärts ist natürlich ganz von der herrschenden Windrichtung abhängig, und gerade dabei findet der jagende Naturforscher seine Vorteile. Brehm hat noch in späteren Jahren viel von diesen herrlichen und in bezug auf Jagd und Vogelkunde so ergiebigen Fahrten auf dem »Vater der Ströme« geschwärmt. Da das nubische Nilbett durch tückische Felsriffe die Schiffahrt erschwert, wurde die Segelbarke über Nacht irgendwo an Land gezogen und erst bei Sonnenaufgang wieder flott gemacht. Während sie langsam den majestätischen Strom hinaufsegelte, gingen Baron Müller und Brehm jagend und beobachtend am Ufer entlang, ließen sich zum Mittagessen an Bord nehmen und dann wieder abends beim Landen. Fast täglich machten sie reiche Beute, die in Gestalt von fetten Nilgänsen, Enten und Tauben auch der Küche zugute kam, denn mit dieser war es äußerst dürftig bestellt, zumal eine solche Reise widriger Winde wegen oft länger dauerte, als man berechnet hatte. Je weiter man nach Süden vordrang und sich den Tropen näherte, um so zahlreicher wurden die fremden, bisher nie geschauten Erscheinungen aus der Vogelwelt. Jeder Tag brachte Neues, jede Stunde bereicherte in ungeahnter Weise die Kenntnisse der beiden Forscher. Auf den Sandbanken standen ganze Scharen von stolzen Kronen- und zierlichen Jungfernkranichen, an den Ufern fischten graue und silberweiße, rote und gelbe Reiher, und die reizenden Kuhreiher saßen truppweise auf den breiten Rücken der träge im Morast liegenden Büffel; lustige Sporenkiebitze liefen auf den Dämmen herum, langbeinige Stelzenläufer und abenteuerlich aussehende Säbelschnäbler wateten auf den überschwemmten Wiesen, auf den Wassern schaukelten sich Scharen der gewaltigen Pelikane, durch die Lüfte schossen wie buntgefiederte Pfeile die farbenprächtigen Bienenfresser, vor den blühenden Sträuchern schwirrten schimmernde Honigsauger, die die Kolibris in Afrika vertreten, auf Pfählen lauerten Graufischer, diese vergrößerte, aber verunglückte Ausgabe unseres herrlichen Eisvogels, Steinschmätzer der verschiedensten Art tanzten und knicksten im Steingeröll, allerliebste Blaukehlchen durchschlüpften schmiegsam und geheimnisvoll das Uferdickicht, der Bülbül ließ seine klangvolle Strophe erschallen, und als echt tropische Erscheinung wurden absonderliche Nashornvögel mit freudigem Hurra begrüßt. Faule Krokodile lagen verschlafen und gähnend auf kleinen Schlamminseln, flinke Ichneumons huschten beutelüstern durch undurchdringliche Rohrfelder, und abends gaben die Schakale ihre mißtönigen Heulkonzerte zum besten.

Soweit es die knapp bemessene Zeit zuließ, wurden natürlich auch die berühmten alten Tempelbauten und die Königsgräber besucht, namentlich auch die sagenumwobenen Krokodilhöhlen bei dem Städtchen Monfalut. Es war wieder einmal eine recht beschwerliche Sache, denn die langen Gänge waren überaus eng, erstickend heiß, mit mefitischen Düften geschwängert und der Boden von dem mit Erdpech vermischten Kot zahlloser Fledermäuse glitschig. In den vorderen Gängen lagen nur menschliche Mumien, von denen man wenigstens einige abgetrennte Köpfe mitnehmen konnte, in den Hinteren aber waren die einbalsamierten Krokodile aller Größen schichtenweise aufeinander getürmt, und sogar ganze Berge eingetrockneter Krokodileier waren vorhanden. Einige der schönsten Krokodilmumien wurden für die Sammlung ausgewählt. Brehm kam dabei zu der jedenfalls richtigen Ansicht, daß die alten Ägypter die Krokodile keineswegs als heilig verehrten, wie die Altertumsforscher bis dahin angenommen hatten, sie vielmehr fürchteten und ihre Zahl nach Möglichkeit zu vermindern suchten. Unmöglich konnten all diese Tausende einbalsamierter Ungetüme eines natürlichen Todes gestorben sein; man hatte sie wahrscheinlich gewaltsam getötet und dann, zur Versöhnung ihrer Geister, mumifiziert.

Einmal hatte Brehm einen prachtvollen Seeadler angeschossen, der noch bis zum Strome flatterte und dort ins Wasser fiel. Er trieb mit den Wellen dicht am Ufer hin, geriet aber dann in eine nach der Mitte zu sich wendende Strömung, schien also verloren. In diesem Augenblick tauchte ein herumlungernder Araber auf, und Brehm ersuchte ihn, gegen ein gutes Trinkgeld den Vogel herauszuholen. Der Mann aber weigerte sich beharrlich mit der Begründung, daß es hier viele Krokodile gebe, die ihm erst kürzlich zwei Schafe geraubt hätten. Ärgerlich über diese vermeintliche Feigheit entkleidete sich

Brehm selbst und sprang mutig ins Wasser. Eben verlor er den Boden unter den Füßen und wollte sich zum Schwimmen anschicken, da schrie der Araber entsetzt auf: »Herr, um der Gnade und Barmherzigkeit Allahs willen, kehre um! Ein Krokodil!« Erschrocken fuhr Brehm zurück. Und wirklich, da kam auch schon von der anderen Stromseite her ein riesiges Krokodil angeschwommen, gerade auf den erschossenen Adler zu, tauchte dicht vor ihm, öffnete den mit greulichen Zahnreihen besetzten Rachen -- groß genug, um auch einen Menschen darin unterzubringen -- und verschwand mit seiner Beute in den trüben Fluten. Brehm stand derweil wie gelähmt. Seit dieser Stunde haßte er die Krokodile leidenschaftlich, und diesem Haß ist er sein ganzes Leben hindurch so treu geblieben, daß er niemals eine der gepanzerten Riesenechsen unbeschossen ließ, so oft sich nur immer die Gelegenheit bot, ihnen eine Kugel anzutragen.

*

»Söhne der Fremde,« begann Aabd Allah, ein alter, ehrwürdiger und seiner Rechtlichkeit wegen hoch angesehener Barkenführer, dem ein langer, weißer Bart das ernste Antlitz umfloß, während das blaue Kattunhemd seinen ausgemergelten Leib wie ein Priestertalar umhüllte, »seht, ich bin ein alter Mann, die Sonne hat mein Haar siebenzig Jahre beschienen und gebleicht, des Alters Silber deckt es, mein Gebein ist mürbe geworden, ihr könntet meine Kinder sein. Wohlan, so höret, Männer des Frankenlandes, höret auf das, was ich euch sagen will. Ich spreche die Sprache des wohlmeinenden Warners. Laßt ab von eurem Beginnen, denn ihr geht einer großen Gefahr entgegen, unwissend und sorglos -- ich aber kenne sie. Hättet ihr gleich mir jene Felsen gesehen, die zusammentretend den Wogen die Tür verschließen, hättet ihr gehört, wie die Wasser, Einlaß und Durchgang begehrend, donnernd, zürnend und machtvoll an die ewig Feststehenden klopfen, wie sie die Steine überfluten und mit Gebrüll zur Tiefe in den Bauch der Felsen stürzen, und wüßtet ihr, daß nur die Gnade Allahs -- ihm sei Bewunderung, denn er ist der Erhabene -- unser gebrechliches Fahrzeug leiten und führen kann, ihr würdet meinem Rate folgen. Denkt an eure Mütter! Der Kummer würde sie erdrücken, wenn uns der Segen des Allbarmherzigen verließe.«

Die Wochenstube des Nashornvogels.
Nach einem alten Bild von G. Mützel zu einem Aufsatz Brehms »Vögel in
der Wochenstube« aus dem Jahre 1873

Baron Müller schien schwankend zu werden, aber Brehm antwortete freundlich, doch fest: »Allah wird uns helfen. Er ist gnädig!« -- »Nun, so gehet mit Gott und seinem gepriesenem Propheten,« erwiderte würdig der Greis, »ich will für euch beten in der Stunde der Gefahr.« -- »Amen, o Reïs, wir danken dir, das Heil sei mit dir!«

Dieses Gespräch fand an einem herrlichen Tropenabende unweit der großen Nilkatarakte von Wadi-Halfa statt, die ein fast unüberwindliches Hindernis für die Schiffahrt bildeten und der Weiterreise gewöhnlicher Barken ein Ziel setzten. Die beiden Deutschen aber hatten diesmal durch die Güte des türkischen Statthalters von Chartum besonders stark gebaute Regierungsbarken zur Verfügung, und deren Führer wollten die Durchfahrt mit einigen besonders tüchtigen, erfahrenen und mutigen Steuerleuten und Ruderern wagen, während die übrige Mannschaft mit dem großen Gepäck die Fälle auf dem Landwege umgehen sollte. Brehm bestand aber trotz der dringendsten Warnungen und Abmahnungen von allen Seiten darauf, die gefährliche Fahrt mitzumachen, und Baron Müller mochte dem jüngeren Gefährten an Mut auch nicht nachstehen. So sind beide die ersten Europäer gewesen, die die Stromschnellen von Wadi-Halfa überwunden haben.

Um Haaresbreite hätte aber das kühne Wagnis tragisch geendet. Mit furchtbarer Gewalt fluteten die Wogen über die kaum vom Wasser bedeckten Felsblöcke, in allen Fugen stöhnte und krachte das Schifflein, dem Steuer ungehorsam, tanzte es durch den kochenden Gischt, kein Ruder tat seinen Dienst. Doch die dräuenden Wogen selbst werden zu Rettern, sie umfassen und umklammern die Barke, nehmen sie mit sich fort in rasender Fahrt. Wie ein Pfeil vom Bogen jagt das kleine Fahrzeug zwischen himmelansteigenden, senkrecht abfallenden, schwarzen, glänzenden Syenitwänden dahin, die nur wenige Schritte voneinander entfernt sind, so daß man die Ruder überhaupt nicht brauchen kann. Ein hartes Aufstoßen, daß all die Männer zu Boden fallen! Ein einziger Schrei des Entsetzens! Ein Leck! Nun geht's ans Verstopfen! Die steuerlos treibende Barke ist in ein Labyrinth von Felsen, Strudeln und Wasserfällen geraten. Keiner weiß mehr, wo man sich befindet. Entkräftigende Angst bemächtigt sich der Mannschaft, die bereits ihre Kleider abwirft. In dieser Not übertönt die Stimme des 70jährigen Bellahl, des Abu el reisin, des »Vaters der Schiffsführer«, das Gezeter des jam-

mernden Schiffsvolkes und das dumpfe Brausen des Katarakts: »An
die Ruder, ihr Helden! Seid ihr denn toll, ihr Kinder der Heiden?
arbeitet, rudert, ihr Hunde, ihr Knaben, ihr Männer, ihr Tapferen,
ihr Braven! Maschallah! Rudert, bei Gott! Allah ist gnädig! Er ist der
Allerbarmer!« Der Greis selbst handhabt mit eiserner, nerviger
Faust das Steuer. Da fließt nach links ein starker Arm ab, in ihn
lenkt Bellahl die Barke, verfolgt den Lauf des Stromzweiges mit
sicherer Hand und erreicht wirklich freies Fahrwasser. Gerettet! Die
Gefahr ist vorüber. Freudenschüsse der beiden schreckensbleichen
Europäer begrüßen das am Horizont auftauchende Palmendorf
Wadi-Halfa. Die Araber aber fallen auf ihr Angesicht und beten:
»Lob und Preis dir, dem Herren der Welten, dem Allerbarmer!«

Durch Steppe, Wüste und Urwald

»Ich kann nicht mehr weiter! Laßt mich doch ruhig hier liegen, wo ich bin! Ich will ja nichts mehr als sterben. Aber vorher nur noch einen Trunk Wasser! Einen einzigen, kleinen, winzigen Schluck Wasser!« Der so erbärmlich jammerte, das war unser sonst so tapferer Alfred Brehm. Das Fieber hatte ihn auf dem langen Karawanenmarsche durch das glühend heiße Kordofan mit aller Macht gepackt, und täglich zehrte das mörderische Klima dieses verrufenen Landes an seinen schon sehr schwach gewordenen Kräften. Mit Gewalt mußte man ihn zum Weiterreiten zwingen. Jeder Schaukeltritt des gemächlich dahinziehenden Kamels wurde dann dem Kranken zu peinvoller Qual, hatte Erbrechen und Leibschmerzen zur Folge, und nur durch krampfhaftes Anklammern an eine Kiste konnte er sich vor dem Herabfallen bewahren. Es war ein Glück, daß Baron Müller, der selbst schwer unter immer häufigeren Fieberanfällen zu leiden hatte, sich schon bald nach Ankunft in der unerträglich öden und langweiligen Sklavenhändlerstadt El Obeid zum Rückmarsch nach Chartum entschloß, denn lange hätten beide sicher nicht mehr dem fürchterlichen Klima standgehalten, überdies trat während der Märsche öfters Mangel an Lebensmitteln ein, und man mußte froh sein, wenn es gelang, einige von den Kamelen aufgescheuchte Perlhühner oder Frankoline Zu schießen. Der Hunger hätte sich ja allenfalls noch ertragen lassen, aber zum Unglück war das spärlich genug angetroffene Wasser meist nur eine ekelhafte bräunliche Schleimbrühe, deren unvermeidbarer Genuß immer wieder neue Fieberanfälle auslöste. Die Steppe selbst starrte von scharfschneidigen Gräsern und lästigen Kletten, und so war der Marsch durch sie selbst an fieberfreien Tagen nicht gerade ein Vergnügen, häufig stand sie jetzt am Ende der Trockenzeit weithin in Flammen, und dann sah man, wie die Antilopenherden in langwiegendem Galopp vor dem rasenden Element flüchteten oder wie die fluggewandten Gaukler (eine Adlerart) und die langbeinigen Kranichgeier erfolgreiche Jagd machten auf das massenhaft durch die Flammen aus seinen Schlupfwinkeln herausgejagte Schlangengezücht. Die Eingeborenen dieser Gegend, die sich im allgemeinen nicht unfreundlich zeigten, wohnten in runden Strohhütten (Tokhuls) mit oben spitz zulaufendem Dach, das gewöhnlich von ei-

nem Straußenei gekrönt wurde, bebauten magere Durrha-(Hirse-
)Felder und unterhielten große Viehherden. Oft sah man 5--600
Kamele zusammen weiden und hatte auch Gelegenheit, ihre fette,
etwas säuerliche Milch zu kosten.

»Friede sei mit dir, o Scheich!« kauderwelschte Brehm, der Ne-
gersprache nur wenig kundig, mit dem herbeieilenden Schulzen
eines solchen großen Tokhul-Dorfes, das man eines Abends müde
und hungrig erreicht hatte, »wir wollen von dir gegen gutes Geld
einige Farchas kaufen.« Mit Farchas bezeichnete man nämlich in
Oberägypten junge Hühner, und etwas anderes wäre in dem elenden Neste ja doch nicht aufzutreiben gewesen. Der Scheich schüttel-
te verwundert den Kopf. »Ihr zieht ja doch, wie ich höre, ohnehin
nach El Obeid, wo es viele Farchas gibt. Dann braucht ihr doch hier
keine zu kaufen. Ich habe zwar eine, aber sie ist alt und häßlich.« --
»Das schadet nichts, bringe sie uns nur her!« Jener ging, erschien
wieder und brachte -- eine Sklavin, die der Beschreibung des guten
Mannes in der Tat vollkommen entsprach. Man lachte und versi-
cherte ihm, daß man diese Venus nicht brauchen könne, weil man
die »Farcha« essen wolle. Darob entfloh der Scheich voller Entsetzen. Die Europäer staunten ihm verwundert nach; erst einer der
Diener löste das Rätsel durch die Mitteilung, daß die Kordofanesen
mit »Farcha« junge Sklavinnen bezeichnen, während sie für Hühner
das Wort »Faruhdj« haben.

Es gab aber auch weniger lustige Mißverständnisse, namentlich
als man auf dem Rückmarsch aus Kordofan durch Gegenden kam,
die erst kürzlich von Sklavenjägern heimgesucht worden waren,
hier verhielten sich die Eingeborenen erklärlicherweise sehr zuge-
knöpft, oft geradezu unfreundlich oder feindselig. Mühsam quälten
die Reisenden sich in anstrengenden Märschen durch das ungastli-
che Land, denn die Hitze hatte ihren Höhepunkt erreicht und stieg
bei Südwind im Schatten der Strohhütten bis auf 45° R, während
das der Sonne ausgesetzte oder in den Sand gesteckte Thermometer
nicht selten sogar 55° R zeigte. Der Körper troff Tag und Nacht von
Schweiß, und nur selten brachte ein kühlerer Nordwind allzu rasch
vorübergehende Minderung. Überdies ritt man oft in die Irre, denn
es fehlte an ortskundigen Führern. Es blieb manchmal nichts anderes übrig, als solche mit Gewalt zu beschaffen, wenn sie nicht freiwillig mitgehen wollten. Das brachte aber unsere Freunde bei den

Schwarzen in den Geruch von Sklavenhändlern, und dieser Umstand hätte um ein Haar ihren Untergang herbeigeführt, halb verdurstet, nur auf ein Nestchen brühwarmes Schlauchwasser angewiesen, lagen sie todmüde in einem elenden, verlassenen Weiler, und der fieberkranke Brehm hatte sich in der erstbesten Hütte auf einem Ankhareb (Bettgestell mit elastischen Ledergurten) niedergelassen, während der Baron und Ali (ein ausgedienter türkischer Unteroffizier, den man in Chartum als Leibdiener aufgenommen hatte) weiter im Innern der Hütte auf dem festgestampften Erdboden zum Schlummer sich niederlegten, plötzlich wurde Brehm durch ein wütendes Geheul aus seinem Halbschlafe aufgeschreckt, und gleichzeitig erschien auch schon am Eingang die herkulische Gestalt eines Negers, der mit gezücktem Schwert auf ihn losstürzte und seinen tobenden Gefährten zurief: »Kommt! hier sind die Hunde! Kommt und schlagt sie tot!« Mit einem gewaltigen Kolbenschlage schmetterte Brehm den Wütenden zurück und rüttelte die beiden anderen wach. Alle griffen zu den Waffen und drohten, jeden Eindringling niederzuschießen. Da hörte der sprachenkundige Ali, wie die Schwarzen sich verabredeten, die leicht Feuer fangende Strohhütte anzuzünden, und da mußte man sich zu einem Ausfall entschließen. Aber draußen waren die Europäer im Nu von einer großen Übermacht der Gegner umringt, deren lange Stoßlanzen nur noch einen halben Fuß von ihrer Brust entfernt waren. Der Baron hatte in jeder Hand eine Pistole und wollte schießen, aber der trotz seiner Jugend viel besonnenere Brehm beschwor ihn, dies nicht zu tun, und verlegte sich aufs Unterhandeln. Freilich ging seine Stimme in dem wüsten Lärm unter, aber man gewann doch so viel Zeit, sich wieder in die Hütte zurückziehen zu können. Bewaffneter Widerstand wäre ja auch tatsächlich Wahnwitz gewesen, denn wenn man auch einige Feinde unschädlich gemacht hätte, so wäre man doch schließlich unzweifelhaft trotz größter Tapferkeit der gewaltigen Übermacht unterlegen. Da kam im letzten Augenblick unerwartet Hilfe in höchster Not. Ein Araber mit milchweißem Barte, den die Schwarzen zu kennen und zu achten schienen, trieb die tobende Bande mit der Nilpferdpeitsche zurück und schaffte erst einmal Ruhe. Bald klärte sich nun das Mißverständnis auf, die ernüchterten Neger baten um Verzeihung, und der landesübliche Bakschisch beendete zur allseitigen Zufriedenheit das gefährliche Abenteuer.

Über all die unsäglichen Widerwärtigkeiten und Mühseligkeiten halfen aber doch immer wieder köstliche Forscherfreuden hinweg. Namentlich bei längerem Verweilen an einem günstigen Platze gab es genußreiche Tage und fast überreiche Beute. Da wurden erfolgreiche Adlerjagden veranstaltet, Antilopen und Hasen für die Küche geschossen, wenn man nur auch eine geeignete Zukost dazu gehabt hätte! Aber weder Gemüse noch Kartoffeln wollen in der Gluthitze Kordofans mehr gedeihen, und die schlissigen, unappetitlichen Durrhakuchen, die die Negerweiber zu bereiten verstanden, waren schließlich doch nur ein sehr unvollkommener Ersatz für unser köstliches und wohlschmeckendes Brot. Ein wahres Labsal war es dagegen, wenn es glückte, einmal einen Krug Meriesa aufzutreiben, eine Art Hirsebier, das sehr erfrischend schmeckt und ähnlich wie der russische Kwaß von jedem Stamme und jedem Dorfe in anderer Weise zubereitet wird.

Hyänenhunde (»gemalte« Hunde) auf der Antilopenjagd.
Nach einer Originalzeichnung von H. Leutemann zu Brehms Arbeit
»Neue Charakterbilder aus der Tierwelt« (1867)

Köstlich waren die Tropenabende, wenn man innerhalb der mächtigen Dornumwallung eines Dorfes saß und dem gemütlichen Schnurren der langgeschwänzten Nachtschwalben lauschte oder den wehmütigen Rufen der kleinen Eulen, die zutraulich auf den Spitzen der Tokhals saßen. Blutdürstige Leoparden und feige Hyänen umschlichen nachts gierig die Dornumwallung, wurden aber rasch von den zahlreichen und mutigen Hunden zurückgetrieben. Nur wenn das aus tiefster Brust hervorgeholte Donnergebrüll des Löwen erscholl, das Brehm hier klopfenden Herzens zum erstenmal vernahm, verkrochen sich die edlen Hunde kläglich winselnd bei ihren Herren, die aber ebensowenig wie ihre vierbeinigen Gehilfen dem König der Tiere entgegenzutreten wagten, zumal die lange Stoßlanze ihre einzige Waffe war. Zweimal holte sich in Anwesenheit Brehms der »Herr mit dem dicken Kopfe« durch gewaltigen Sprung, unwiderstehlichen Prankenschlag und zermalmenden Nackenbiß sein Opfer aus der hohen Dornumwallung (Serrieba), und um die Überbleibsel der königlichen Tafel stritten sich dann am nächsten Tage Geier und Marabus und in der Nacht Hyänen und Schakale.

*

Wüstensturm! Lauschen wir Brehms eigenen Worten, denn keiner hat die hehre Majestät der Wüste mit all ihren Schrecken und Schönheiten so eindringlich und greifbar, so packend und gewaltig zu schildern verstanden wie er:

»Schon mehrere Tage vorher ahnt und weissagt der Wüstensohn diesen furchtbaren Wind, dem er geradezu tödliche Wirkungen zuschreibt. Die Temperatur der Luft wird im höchsten Grade lästig: sie ist schwül und abspannend wie vor einem Gewitter. Der Horizont ist mit einem leichten, rötlich oder blau erscheinenden Dufte wie überhaucht -- es ist der in der Atmosphäre kreisende Wüstensand, aber noch bemerkt man keinen Hauch des Windes. Die Tiere jedoch fühlen seine Nähe wohl. Sie werden unruhig und ängstlich, wollen nicht mehr in gewohnter Weise gehen, drängen sich aus dem Zuge heraus und geben noch andere unverkennbare Beweise ihres Ahnungsvermögens. Dabei ermatten sie in kurzer Zeit mehr als sonst durch tagelange Märsche, stürzen zuweilen mit ihren Ladungen und können nur mit Mühe oder gar nicht wieder zum Aufstehen gebracht werden. In der dem Sturm vorausgehenden Nacht nimmt die Schwüle unverhältnismäßig zu, der Schweiß dringt aus allen Poren hervor, nur die strengste geistige Überwachung vermag dem Körper die ihm nötige Spannkraft zu erhalten. Die Karawane setzt ihre Reise mit ängstlicher Eile fort, solange es gehen will, solange nicht Mensch und Tier vor allzu großer Ermüdung zusammenbrechen, solange noch, dem Führer zum Merkmal, ein Sternchen am Himmel flimmert. Auch das letzte verschwindet, ein dicker, trockener, undurchsichtiger Nebel deckt die Ebene. Die Nacht vergeht, die Sonne steigt im Osten auf, der Wanderer sieht sie nicht. Der Nebel ist dichter, undurchsichtiger geworden, die stark gerötete Luft nimmt allgemach eine grauere, düstere Färbung an. Es herrscht fast Dämmerung. Das Auge durchdringt den Dunstschleier kaum über 100 Fuß weit. Der Tageszeit nach muß es Mittag sein. Da erhebt sich ein leiser, glühender Wind aus Süden oder Südwesten. Stärkere Stöße folgen, abgerissen, einzeln. Jetzt braust der Wind, zum Orkan gesteigert, daher. Hoch auf wirbelt der Sand, dicke Wolken verdunkeln die Luft. Der Wind würde den Reiter, der sich ihm widersetzen wollte, aus dem Sattel heben, aber kein Kamel ist zum weitergehen zu bewegen. Die Karawane muß lagern. Den Hals platt auf den Boden gestreckt, schnaubend und stöhnend legen sich die Kamele nieder; man hört die unruhigen, regellosen Atemzüge der geängstigten Tiere. Geschäftig bauen die Araber alle Wasserschläuche an der sie vor dem Winde schützenden Seite eines lagernden Kamels auf einen Haufen, um die der trocknenden Luft ausgesetzte Schlauchoberfläche zu verringern; sie selbst hüllen sich in das sie bekleidende Tuch so dicht als möglich ein und suchen ebenfalls hinter Kisten oder Warenballen Schutz. Die Karawane liegt totenstill. In den Lüften rast der Orkan. Es kracht und dröhnt: die Bretter der Kisten zerspringen mit gewaltigem Knallen. Der Staub dringt durch alle Öffnungen, selbst durch die Tücher hindurch, peinigt und quält den Menschen, auf dessen Haut er sich festsetzt. Man fühlt bald heftige Kopfschmerzen, das Atmen wird schwer, die Brust ist beengt, der Körper trieft von Schweiß, aber dieser näßt die dünnen Kleider nicht, denn begierig saugt die glühende Atmosphäre alle Feuchtigkeit auf. Wo die Wasserschläuche mit dem Winde in Berührung kommen, dörren sie und werden brüchig, das Wasser verdunstet, wehe dem armen Wanderer in der Wüste, wenn der Samum lange währt! Er wird sein Verderber! Ein lange anhaltender Samum ermattet Menschen und Tiere mehr als alle übrigen Beschwerden einer Wüstenreise zusammen. Und dabei bringt er neue, bisher nie gekannte Qualen über den Reisenden, schon nach kurzer Zeit springen ihm, weil die heiße Luft alle Feuchtigkeit entzieht, die Lippen auf und fangen an zu bluten; die Zunge hängt trocken in dem nach Wasser lechzenden Munde, der Atem wird übelriechend, alle Glieder erschlaffen. Zu dem grenzenlosen Durste gesellt sich bald ein unerträgliches Jucken und Brennen am ganzen Körper: die Haut ist brüchig geworden, und in alle Risse dringt der feine Staub. Man hört die lauten Klagen der so grausam Gemarterten; zuweilen arten sie in förmliche Raserei aus -- der Gepeinigte ist wahnsinnig geworden; oder sie verstummen zuletzt ganz, denn das mit fieberiger Hast durch die Adern strömende Blut hat den Kopf so beschwert, daß Bewußtlosigkeit eingetreten ist. Der Sturm ermattet, aber mancher Mensch erhebt sich nicht mehr: ein Gehirnschlag hat seinem Leben ein Ende gemacht. Auch mehrere Kamele liegen in den letzten Zügen.«

Schlanke Palmenwipfel am glasblauen Horizonte verkündigen die Nähe einer Oase, also einer Menschensiedlung im Meere des Sandes, ermöglicht durch das Vorhandensein von Wasser. Der Giftwind Samum haucht auch über die Oase seinen verderbenbringenden Odem, ohne das Verderben wirklich herbeizuführen, denn das Wasser lähmt seine verheerende Gewalt. Darum sind Brunnen und Oasen Friedensorte in der Wüste. Ursprünglich war die Oase nur von der schlanken Gazelle belebt, diesem Wunder der Wüste, und von der anspruchslosen Mimose. Dann kam der Mensch und brachte ihr die Königin der Pflanzenwelt, die Palme, und nun erst wurde die Oase bewohnbar. Eine Oase ohne Palmen wäre keine Oase, wäre ein Gedicht ohne Worte, ein Brunnen ohne Wasser, ein Haus ohne Bewohner. Auf solchen reichen Inseln des Landmeeres hat sich der Mensch bleibend ansiedeln können, während er am bloßen Wüstenbrunnen nur tagelang zu verweilen vermag und nach kurzer Rast mit seiner beweglichen habe weiterziehen muß. Der von Brunnen zu Brunnen wandernde Nomade gleicht einem von Insel zu Insel steuernden Schiffer, der in einer größeren Oase wohnende dagegen einem Insulaner. Die Häuser der von Brehm besuchten Oasen in der Landschaft Fessan bestanden nur aus luftgetrockneten Lehmziegeln und hatten flache Dächer aus Palmstämmen. Gemütlich war's in ihnen nicht, denn das Ungeziefer hatte freien Zutritt. Fliegenschwärme, unerhört zudringliche und bösartige Wespen peinigten den Menschen entsetzlich, giftgeschwollene Skorpione und widerwärtige Spinnen gehörten zu den regelmäßigen Hausbewohnern, selbst Vipern verirrten sich gar nicht selten in die Wohnräume. Dagegen werden die zierlichen Eidechsen und Geckos als Fliegenvertilger gerne gesehen. In einem solchen Heim bei der Bruthitze zu arbeiten, etwa gar einen stinkenden Riesengeier abzubalgen, war wahrhaftig kein Vergnügen, und

Brehm lernte einsehen, daß auch das Leben in den vielgepriesenen Oasen seine Schattenseiten hat.

*

»Es ist doch eigenartig, wie am Weihnachtsabend die Gedanken immer wieder in die Heimat eilen,« sagte Baron Müller nachdenklich. »Ein echt deutsches Weihnachtsfest ist doch das schönste, was es gibt. Die prächtigste Palme läßt mich kalt, aber der flittergeschmückte, kerzenstrahlende Weihnachtsbaum greift mir ans Herz. O glückliche Kinderzeit!« -- »Ich habe Heimweh,« versetzte Brehm nur schlicht. »Jeder Gedanke zieht mich heute am heiligen Abend nach meinem stillen, lieben Renthendorf. Oh, unser liebes Pfarrhaus! Wieviel schöner sind doch jetzt unsere verschneiten Thüringer Nadelwälder als all dieser bunte Tropenzauber und als all diese bedrückende Urwaldpracht.«

Die beiden Deutschen saßen am Weihnachtsabend mit ihrem getreuen Ali mitten im Urwalde unweit des Blauen Nil. Man hatte sich's etwas festlich gemacht, Punsch bereitet und die Pfeifen mit dem köstlichsten Tabak der Erde, dem unvergleichlichen Djebeli, gestopft, aber die Wolken der Schwermut wollten den Wolken des Rauches nicht weichen, und so sehr auch die Tropennacht schmeichelte und liebkoste, es wollte ihr nicht gelingen, des Herzens Sehnen zu beschwichtigen. Die Gläser blieben ungeleert und die Herzen unbefriedigt. Der Türke sang seine prächtigen Minnelieder in tonreichen Weisen, aber auch sie versagten heute ihre Wirkung. Der Urwald selbst mußte sprechen, damit sich die Deutschen nicht länger ihren trüben Heimwehgedanken überließen. Und er sprach auch.

Plötzlich schmetterten helle, kräftige Trompetentöne durch die bisher so stille Nacht. Das Geschwätz der Diener verstummte augenblicklich, und alle lauschten atemlos, von neuem schmetterten die Trompeten. »El Fiuhl! El Fiuhl! Elefanten, Elefanten!« jubelten die mit den Tönen der Wildnis vertrauten, wahrhaftig, es waren Elefanten, die zum Flusse gingen. Und ihr Trompeten war anscheinend das Zeichen zum Beginn eines fast schaurigen und doch wahrhaft großartigen nächtlichen Urwaldkonzertes. Der König des Waldes donnerte durch sein Reich, und seine Königin antwortete. Ein Nilpferd hob seinen Kopf und brummte, als wolle es versuchen, es der Löwenstimme gleichzutun, ein Panther grunzte, aufgescheuchte Affen gurgelten und kreischten, erschreckte Papageien flatterten und schrien, Eulen spektakelten dazwischen, Hyänen und Schakale übernahmen den Chorgesang, auf einer Sandbank klagte der Wogenpflüger der Nacht, der Scherenschnabel, und wie läutende Silberglöckchen klang dazwischen das Gezirp der Zikaden, dumpfer und tiefer der volle Chor der Waldfrösche. Es war ein wunderbares Tonstück, und wunderliche Künstler führten es auf, aber die Deutschen söhnte es aus mit der Fremde, die trübe gewordenen Augen glänzten wieder, und das Herz schlug hoch vor Freude. Zum erstenmal hörte Brehm das Trompeten wilder Elefanten. Und so hatte auch er sein Weihnachtsgeschenk! --

Brehm feierte seinen 20. Geburtstag. Aber wie? Er hatte ohne den in Chartum zurückgebliebenen Baron einen selbständigen Abstecher nach dem Blauen Nil gemacht, ins Land des durch körperliche Schönheit, auffallend helle Hautfarbe und die aufdringliche Sittenlosigkeit seiner Weiber bekannten Negerstammes der Hassanies. Er konnte hier nur immer wieder staunen über den unerschöpflichen und überwältigenden Reichtum des tropischen Tierlebens. Die Vogelwelt war großartig vertreten und die Ausbeute entsprechend, aber leider machten Malaria und Brechdurchfall dem jungen Forscher wieder sehr viel zu schaffen. Nun lag er an seinem Ehrentage, von schweren Fieberschauern geschüttelt und halb bewußtlos, mutterseelenallein mitten im Urwald unter seinem dürftigen Zelt, ohne liebevolle Pflege, ohne Arzneien, selbst ohne das unentbehrliche Chinin. Wenn das die Lieben im fernen Vaterlande hatten ahnen können! Soweit es sein jämmerlicher Zustand erlaubte, jagte er trotzdem im undurchdringlichen Dorngestrüpp der Urwälder und in den fieberschwangeren Sümpfen oder balgte mit zitternden Händen zähneklappernd die geschossenen Vögel ab. Als er schließlich mit einer Ausbeute von 130 Vogelbälgen auf seinem Eselchen nach Chartum zurückkehrte, runzelte der Baron, der vom Tropenkoller geplagt sein mochte oder vielleicht auch damals schon mit Geldsorgen zu kämpfen hatte, beim Betrachten der kleinen Sammlung die Stirn. »Das ist doch viel zu wenig für eine so lange Abwesenheit,« polterte er. »wie soll ich denn da auf meine Kosten kommen, wenn Sie derartig faulenzen?« Mit Recht war Brehm, der dieser Vogelbälge wegen Leben und Gesundheit aufs Spiel gesetzt hatte, empört und erbittert über solch schreiende Undankbarkeit. »Damals habe ich zum erstenmal gefühlt, daß die Bemühungen eines Sammlers oder Naturforschers nur selten anerkannt werden.« Ein Wort gab das andere, und es kam zwischen den beiden Reisegefährten zu einer heftigen Auseinandersetzung, die beinahe zum völligen Bruch geführt hätte. Zwar versöhnte man sich schon am nächsten Tage, aber das alte innige Freundschafts- und Vertrauensverhältnis zwischen beiden wollte sich doch nie wieder so recht einstellen, obwohl äußerlich der Friede künftig gewahrt blieb.

Kairo und Chartum

»Um Himmels willen, Herr Baron, was ist das?« Mit diesen Worten fuhr Brehm entsetzt von seinem Schmerzenslager in einem schäbigen Hotel Kairos empor und rüttelte den Baron wach, der matt und kraftlos in halber Ohnmacht neben ihm lag. Beide hatten sich auf der Nilfahrt von Alexandria nach Kairo einen heftigen Sonnenstich geholt und mußten unter wahnsinnigen Kopfschmerzen und häufigen Ohnmachtsanfällen dessen Folgen tragen. Entsetzliche Schwüle herrschte in der Luft. Plötzlich vernahmen die sich mühsam aufrichtenden Kranken ein donnerähnliches Rollen, Geschrei und Wehklagen auf der Straße, Gebrüll von Tieren und eiliges Laufen auf den Korridoren; die Bettgestelle schwankten, die Türen des Zimmers flogen auf und zu, klirrende Fensterscheiben und zerbrechende Gläser stürzten auf den Fußboden herab, an einzelnen Stellen des Zimmers löste sich der Mörtel von den Wänden und fiel polternd herunter, aber die unerfahrenen Europäer wußten sich die Erscheinung nicht zu erklären. Ein neuer, stärkerer Stoß folgte dem ersten, man hörte das Einstürzen von Mauern in unmittelbarer Nähe und fühlte, wie das Haus in seinen Grundfesten schwankte. Da wurde den beiden Deutschen das Phänomen entsetzlich klar: ein Erdbeben erschütterte die ägyptische Hauptstadt! Und ohne Hilfe lagen sie krank und elend allein in ihren Betten, nicht imstande, gleich den anderen Reisenden hinaus ins Freie zu flüchten. Ihre Lage war in der Tat gräßlich. Die Naturerscheinung währte kaum eine Minute, und doch wurde ihnen diese kurze Zeitspanne zu einer wahren Ewigkeit. Der geängstigte Geist erging sich in den schauderhaftesten Vorstellungen, die Augen folgten mit Todesangst den Rissen der zersprungenen Mauern, und verzweiflungsvoll ergab sich die Seele dem bevorstehenden schrecklichen Schicksal. Aber das von Europäern gebaute Haus hielt die starke Erschütterung aus. Nach wenigen Minuten verkündigte ein herbeieilender Diener, daß die Gefahr vorüber sei. In unmittelbarer Nähe des Gasthofes waren jedoch 17 Menschen unter den Trümmern ihrer Behausungen begraben worden.

Kairo von Norden aus gesehen
Eine Ansicht nach einer farbigen Darstellung von Carl Werner in seinem
großen Aquarell-Faksimile-Werk »Nilbilder«, zu dem Brehm mit Dr. J.
Dünnichen den Text schrieb (1871)

Nur langsam machte die Genesung unseres jungen Freundes
Fortschritte, zumal der griechische Quacksalber, der beide behandelte, ihn dreimal zur Ader ließ und ihm durch 64 Blutegel so viel
Blut abzapfte, daß er ganz schwach wurde. Aber dann wuchsen mit
steigenden Kräften auch Lebensmut und Lebenslust wieder, und
auf zahlreichen Eselritten lernte nun Brehm die Märchenstadt Kairo,
die ihn so ungastlich empfangen hatte, mit ihrem bunten, echt ori-
entalischen Leben und Treiben kennen. Sie ist seitdem seine Lieb-
lingsstadt geblieben, und keiner hat das buntscheckige Gewühl
ihrer Gassen und Märkte so meisterhaft zu schildern gewußt wie er.
Brehm besaß überhaupt in hervorragendem Maße die Gabe, sich in
fremde Verhältnisse einzuleben, sich den Sitten und Gewohnheiten
anderer Völker anzuschmiegen, ohne doch jemals seiner Würde als
Deutscher auch nur das Geringste zu vergeben. Er hat dem deutschen Namen auch in fernen Ländern stets nur Ehre gemacht. Gerade die Länder des Islams hatten es ihm angetan, und in die Denk-,

Anschauungs- und Sprechweise ihrer Bewohner wußte er sich so zu vertiefen, sie sich in so hohem Maße zu eigen zu machen, wie selten einer. Niemals hat er es versäumt, neben der Tierwelt der von ihm bereisten Länder mit gleichem Eifer auch ihre Menschen zu studieren und den Einfluß von Klima, Landschaft und Geschichte auf die Entwicklung ihrer Eigenart klarzulegen. Der mohammedanischen Religion brachte er so viel Achtung und ein so weitgehendes Verständnis entgegen, daß er in Europäerkreisen vielfach schon als Renegat galt. Aber bei Türken und Arabern erfreute er sich trotz seiner Jugend großen Ansehens und allgemeiner Beliebtheit. Viel schlechter als die Bekenner des Propheten kommen in seinem Tagebuch die wenigen Europäer und Levantiner weg, die sich schon damals im Sudan ansässig gemacht hatten und die allerdings bis auf wenige Ausnahmen den Abschaum ihrer Länder darstellten. Für das charakterlose Mischvolk der sog. Levantiner zum Beispiel hat er nur unverhohlene Verachtung, so sehr er auch der Schönheit ihrer Frauen Gerechtigkeit angedeihen läßt. Sein Herz gehörte den freien, bettelarmen, aber stolzen Beduinenstämmen der Wüste, die er liebte, wie er alles Unabhängige und wahrhaft Männliche liebte:

»Sie sind in der Freiheit der Wüste geboren und groß geworden, sie leben und sterben dort; sie denken und handeln frei und edel wie jeder Freigeborene. Noch haben sich bei ihnen die alten Sitten ihrer Vorfahren erhalten, noch hegen sie dieselben Gefühle für Recht und Unrecht, welche die Patriarchen hegten; noch sind sie wie jene mit Herz und Hand bereit, ihr gutes Recht sich zu erhalten oder zu verschaffen. Der Beduine, das Kind der hochhehren Wüste, ist noch der Sohn der alten und für ihn ewig neuen Freiheit. Er ist der unverdorbene Nachkomme seiner tapferen und edlen Ahnen. Der Beduine lügt nie, er bestiehlt oder betrügt niemanden, wohl aber tritt er mit der Waffe in der Faust als kühner Räuber hervor, um sich seinen Lebensunterhalt zu erringen. Er beraubt den friedlich durch die Wüste pilgernden Kaufmann nicht als ein nach unseren Begriffen verächtlicher Wegelagerer, sondern als mutiger, streitbarer Mann; er wird ihn nie berauben, wenn dieser ihn, den Herrn der unbegrenzten Wüste, erst um sicheres Geleit ersuchte, sein Gebiet durchwandern zu dürfen. Treu dem Freunde das gegebene Versprechen haltend, geht er für seine Schutzbefohlenen ohne Zögern in den Tod, furchtbaren Kampf dem Feinde schwörend, hält er das Gesetz der Blutrache für das hochheiligste seines Stammes. Er vergibt keine Beleidigung, er vergißt keine Wohltat, seinen letzten Bissen Brot teilt er mit seinem Gastfreunde, den letzten Wassertrunk spendet er dem Verschmachtenden. Er ist in seiner Treue groß, in seiner Rache furchtbar. Keinen Herrn über sich erkennend als das selbstgewählte Stammesoberhaupt, verteidigt er seine weite Heimat mutig und tapfer gegen jeden Feind. Ohne Hoffnung auf Ersatz unterhält er den, der sich hungernd und dürstend in seinem Zelte einfindet, ohne Dank zu fordern, bringt er ihn in seine Heimat zurück. Sein Pferd ist ebenso edel und treu wie er selbst, es ist sein ständiger Begleiter, er liebt es wie Weib und Kind.«

Brehm hat sich wiederholt lange Zeit in Chartum aufgehalten, nicht immer ganz freiwillig, sondern weil empfindlicher Geldmangel ihm die Fortsetzung der Reise unmöglich machte. In solchem Falle wurde dann ein eigenes Häuschen gemietet und in dessen Hof ein Tiergarten eingerichtet. Der türkische Generalstatthalter des Sudan, der in dem noch jungen Chartum seinen Sitz hatte, schickte als Grundlage dazu gleich in den ersten Tagen geschenkweise zwei Strauße, denen sich bald ein paar junge Hyänen sowie etliche Affen und Gazellen und ein sehr herrschsüchtiger Marabu beigesellten. Die Eingeborenen brachten überhaupt, nachdem die Absichten der beiden Deutschen in den Kaffeehäusern und auf den Juks sich herumgesprochen hatten, allerlei lebendes und totes Getier angeschleppt, das gern aufgekauft und zur Bereicherung der Sammlungen verwendet wurde. So entwickelte sich bald eine förmliche Naturalienbörse, aber sonstige Unterhaltung bot die volkreiche Hauptstadt des Sudan kaum. Immerhin konnte man hier nach so langen Entbehrungen in der Wildnis doch auch mal wieder mit halbwegs gebildeten und gesitteten Menschen zusammen sein, wenngleich man in dieser Hinsicht in Chartum nur sehr bescheidene Ansprüche stellen durfte und öfters beide Augen zudrücken mußte. Auch Briefe und Zeitungen gab es dann und wann einmal, und mit Erstaunen erfuhr Brehm nach der Rückkehr aus Kordofan aus ihnen, welch gewaltige Umwälzungen sich im Frühjahr 1848 in Europa vollzogen hatten, während er fieberkrank in den Wäldern und Steppen Kordofans weilte. Der völlige Mangel an Lesestoff war ja bisher nicht die geringste der vielen Entbehrungen gewesen. Gierig las man zu wiederholten Malen jeden mit den geliebten Lauten der

Muttersprache bedeckten Papierfetzen, und der elendste Schundroman würde Hochgenuß gewährt haben. Nun aber erhielt Brehm in Chartum von verständnisvoller, feinfühliger Mutterhand sogar einige der von ihm so glühend geliebten Werke unserer Klassiker, wie durfte er da schwelgen! Erst in der weiten Ferne, in der geistlosen Fremde halbkultivierter Länder, unter Vertretern krassester Selbstsucht und Geldgier würdigt man so recht die heimische Dichtkunst, erst da empfindet man ihre ganze Kraft. Wer die Gesänge unserer Dichter völlig in sich aufnehmen will, der muß sie lesen, wo er sie keinem andern, sondern nur seinem eigenen Selbst mitteilen kann. Dann wird sich ihr Wert und ihre Wirkung verdoppeln.

»Bachida! Pfui! Du Teufelsvieh! wirst du wohl auslassen! wirst du wohl artig sein! Bachida! Pfui!« So erscholl Brehms zornige Stimme in einer der staubumhüllten Gassen Chartums, und mit erhobener Peitsche eilte er auf eine Löwin zu, die ein gerade friedlich vorübertrottendes Schaf gepackt hatte, ergriff sie wie weiland Simson am Kopfe, riß ihr den Rachen auf, erfaßte das arme Wolltier und schleuderte es mit einem Fußtritt weit fort. Ein paar derbe Hiebe mit der Nilpferdpeitsche klatschten auf das gelbe Löwenfell, aber die »Tochter Fathmes«, wie die Sudanesen die weiblichen Löwen nennen, nahm die Züchtigung ruhig hin, in dem Bewußtsein, für ihren Übergriff eine Strafe verdient zu haben. Es war ja »Bachida« (die Glückliche), die berühmte zahme Löwin Brehms, die er als kaum pudelgroßes Jungtier von seinem Gönner Latief Pascha zum Geschenk erhalten und auf das sorgfältigste erzogen hatte. Innige Freundschaft verband beide. Lachida liebte ihren Herrn zärtlich, folgte ihm in Haus und Hof, auf der Straße und im Freien gehorsam wie ein Hund, liebkoste ihn bei jeder Gelegenheit und wurde nur dadurch bisweilen lästig, daß sie nachts auf den Einfall kam, ihn auf seinem Lager aufzusuchen und durch ihre Liebkosungen aufzuwecken, sie ersetzte zugleich den schärfsten Wachhund, denn lästiges Gesindel wagte sich nicht auf das von einem Löwen behütete Gehöft, und sogar die Kamele vorüberziehender Karawanen gingen unter dem Fluchen und Schreien der Treiber oft durch, wenn sie durch eine Mauerlücke das ihnen so furchtbare Tier erblickten. Zu den zahmen Antilopen durfte die Löwin überhaupt nicht gelassen werden, obwohl sie ihnen wahrscheinlich nichts zuleide getan hätte,

da die Horntiere bei ihrem Erscheinen verzweiflungsvoll gegen die
Wände rannten und sich dabei selbst verletzten. Im übrigen hatte
sich Bachida natürlich bald zur Beherrscherin und Tyrannin alles
auf dem Hofe sich tummelnden Getiers aufgeworfen. So liebenswürdig und gutmütig sie auch war, so war sie doch ein wahrer
Ausbund von Übermut und Necklust und liebte es sehr, andere
Lebewesen durch plötzliches Anspringen zu erschrecken, und namentlich an den Affen und Raubvögeln kühlte sie gern ihr Lüst-
chen.

*

Anfangs, solange sie nach klein war, setzte ein alter, urdrolliger
Pavian ihrem Übermut gewisse Schranken. Auch er zitterte zwar
bei ihrem Erscheinen und verzog das Maul auf grauenvolle Weise,
griff sie dann aber ohne weiteres mutvoll mit den Händen und rieb
ihr die Ohren derartig um den Kopf herum, daß ihr Hören und
Sehen vergehen mochte und sie angstvoll das Weite suchte. Mit der
Zeit jedoch wurde die Löwin so stark, daß auch der Pavian ihrer
nicht mehr Herr zu werden vermochte. Doch an seine Stelle trat nun
ein alter, mürrischer Marabu. Bachida sah sich die barocke Philoso-
phengestalt ganz starr vor Neugierde an und gedachte dann nach
ihrer Art den Langbeiner durch plötzliches Anspringen zu erschrecken. Aber der verstand das falsch, ging mit weiten Schritten und
halbgelüfteten Schwingen unerschrocken auf das Raubtier los, versetzte ihm rasch hintereinander mit seinem gewaltigen Keilschnabel
mehrere so nachdrückliche Püffe und wiederholte diese Lektion
mehrfach so gründlich, daß Bachida unter Wutgebrüll das Hasen-
panier ergreifen mußte, grimmig verfolgt von dem schnabelklap-
pernden Sieger. Seitdem ließ sie den wehrhaften Storchenvogel
achtungsvoll in Ruhe, aber mit den übrigen Tieren trieb sie es nach
wie vor.

Wirkliche Ausschreitungen kamen bei alledem nur äußerst selten
vor. so wurde ihr schönes Freundschaftsverhältnis zu einem mutigen Widder, mit dem sie besonders gern spielte, jäh zerrissen. Der
Widder, dessen Hornstöße sie sonst gutmütig ertrug, mochte einmal gar zu grob zugestoßen haben, denn plötzlich geriet die Löwin
in Zorn und schmetterte ihn mit ein paar derben Tatzenschlägen zu
Boden. Am nächsten Morgen war der Spielgefährte tot. Schlimmer

war der folgende Fall, der zugleich eine harte Kraftprobe für das Verhältnis zwischen Mensch und Raubtier bedeutete. Bachida hatte den Lieblingsaffen Brehms erst mißhandelt, dann getötet und schließlich aufgefressen. Als Brehm Kopf und Schwanz als die einzigen Überbleibsel des armen Opfers fand, wurde er doch recht zornig, prügelte die Löwin tüchtig ab und verfolgte die Flüchtende bis in den äußersten Winkel des Gehöfts. Als sie hier nicht entrinnen konnte, nahm sie plötzlich eine andere Miene an als früher und setzte sich kräftig zur Wehr. Wäre Brehm nur einen Schritt zurückgewichen, so würde die im höchsten Grad erzürnte Löwin ihn sicherlich angesprungen und wahrscheinlich erheblich verletzt haben. Brehm war aber klug genug, fest stehen zu bleiben und unentwegt weiter zu prügeln, zugleich aber auch eine Lücke freizulassen, durch die Bachida entwischen konnte. Schon eine halbe Stunde später war ihr Zorn verraucht, und schmeichelnd rieb sie sich nach Katzenart wieder an ihrem Herrn, als wollte sie um Verzeihung bitten. Dies war der einzige Streit, den beide jemals miteinander gehabt haben; nie erlaubte sich Bachida sonst irgendwelche Unart, nie bekundete sie irgendwie Wildheit und Blutdurst des Raubtieren

Viel Spaß machte Brehm und seinen Freunden folgender Streich der übermütigen Löwin. Im gleichen Hause wohnte ein fetter griechischer Sklavenhändler und Wucherer. Dieser wollte einmal in der Regenzeit, als der ganze Hof mehr einem Moraste glich, nach dem Stall gehen, um seinen Reitesel zu besteigen. Da er dem Statthalter Latief Pascha seine Aufwartung zu machen gedachte, war er in einen glänzend weißen, neuen Seidenburnus gehüllt. Bachida lag gerade im dicksten Schmutz und betrachtete verblüfft die weiße, ängstlich zwischen den Pfützen sich durchwindende Gestalt. Dann duckte sie sich und sprang in einigen furchtbaren Sätzen auf den Griechen zu, der vor Schreck stolpernd in den Schmutz fiel und auch noch die Dummheit beging, laut zu schreien. Die neckische Bachida faßte das als eine willkommene Aufforderung zur Fortsetzung dieses unterhaltsamen Spieles auf, brachte durch einen zweiten Satz den dicken Mann völlig zum Liegen, setzte sich ihm mit Beifallsgebrüll auf den Schmerbauch, umarmte ihn sehr zärtlich, wälzte ihn aber dabei derartig im Kote herum, daß von der strahlenden Kleidung auch nicht ein Fleckchen mehr ohne Schlammkruste blieb. Lachend befreite Brehm ihn, der nicht im geringsten verletzt war, aus den Tatzen seines Peinigers. Der Grieche aber schwur Rache und beklagte sich beim Statthalter. Da mußte er nun freilich die Erfahrung machen, daß auch bei den Türken das Sprichwort gilt: »Wer den Schaden hat, braucht für den Spott nicht zu sorgen.«

Ernster war ein Zwischenfall, der sich auf der Heimreise zutrug, wo Bachida abends stets an Land gelassen wurde, um sich ein wenig auszutollen und zu entleeren, was das reinliche Tier in dem engen Schiffskäfig grundsätzlich nicht tat. So war die Löwin einmal an einer der Säulen des Tempels von Luxor angefesselt und ringsum von einer zudringlichen und neugierigen Menschenmenge umgeben. Plötzlich stob alles unter entsetzlichem Geschrei und Geheul, Fluchen und Jammern auseinander, und Brehm erfuhr von den zu ihm Eilenden, daß »das Scheusal« soeben einen kleinen Negerknaben gepackt habe und gerade im Begriff sei, ihn zu verschlingen. Es sei zwar nur ein Sklave, aber er habe immerhin einen Geldwert von 1000 Piastern, die der Herr des gefräßigen Raubtieres bezahlen müsse. Schleunigst rannte Brehm zu der Unglücksstätte, um den gefangenen Buben zu befreien. Bachida spielte mit ihm wie die Katze mit der Maus, drehte ihn in ihren Pranken hin und her, beroch ihn, zog ihn zu sich heran, ließ ihn wieder los, um ihn augenblicklich von neuem zu halten, hatte ihm aber bis dahin nicht das geringste Leid zugefügt und ihm nirgends auch nur die Haut geritzt. Brehms Ankunft brachte ihr augenblicklich zur Besinnung, daß der schwarze Schreihals kein Spielzeug für sie sei. Sie gab den Bengel sofort freiwillig her.

Im bescheidenen Pfarrhause zu Renthendorf war natürlich kein Platz für eine leibhaftige afrikanische Löwin, und so mußte Bachida in den Berliner Tiergarten wandern. Brehms Abschied von dem treuen Tiere war wahrhaft schmerzlich, und rührend das Wiedersehen zwischen beiden nach zweijähriger Trennung. Bachida erkannte ihren früheren Herrn trotz der völlig veränderten Kleidung sofort an der Stimme und war vor Freude ganz außer sich.

*

»Warum, Herrin meiner Seele, erschrickst du? Und warum willst du mir das Licht des Vollmondes, dein Antlitz, entziehen? Weißt du nicht, daß ich ein Franke bin? In meiner Heimat verhüllen die Wolken wohl oft die Sonne am Himmel, aber die Wolken des Schleiers nicht die Sonnen auf Erden. Ich bin gewohnt, unseren lieblichen Töchtern der Erzmutter Eva frei ins Angesicht zu schauen, warum willst du, Sonne, dich mir verbergen?«

»Dein Land ist nicht mein Land, deine Sitte ist nicht meine Sitte, o Herr! Im Lande der Franken ist die Frau frei, hier ist sie Sklavin. Bedenke das, du Guter! Möge deine Nacht glücklich sein!«

»Halt, Herrin, warum willst du davoneilen? Hast du mich noch nicht gesehen?«

»Oh, schon sehr oft, gleich bei deiner Ankunft sah ich dich und seitdem alle Tage.«

»Nun wohl, fürchtest du dich vor mir?«

»Nein, aber die Sitte gestattet mir nicht, mit dir zu reden. Glückliche Nacht!«

»Warum entfliehst du, Licht meiner Augen? Bleibe, ich bitte dich!«

»Ich darf nicht!«

»So sage mir wenigstens deinen Namen, du liebliche Gazelle!«

»Ich heiße Warde« (Rose).

»Wirst du wieder hierher kommen?«

»Ich darf nicht, gute Nacht, Herr!«

Die anmutige Mädchengestalt, die noch von dem ganzen Reize kindlicher Lieblichkeit umflossen war, huschte davon. Aber sie kam doch wieder. Jeden Abend erschien sie auf dem flachen Dache ihres elterlichen Hauses, das mit dem Haus Brehms zusammenstieß und nur durch eine niedrige Mauer von ihm getrennt war. So erblühte dem Zwanzigjährigen die Rose des Morgenlandes.

Alfred Edmund Brehm.
Nach einer Originalzeichnung von W. Planck

»Was willst du eigentlich von mir, o Fremdling?« frug sie in ihrer kindlichen Unschuld.

»Reden will ich mit dir, du schlanke Gazelle. Meine Augen bedürfen deines Lichtes, meine Seele bedarf deines Odems. Die Muscheln meiner Ohren sind bereit, die Perlen deiner Worte in sich aufzunehmen.«

»Hast du Eltern?«

»Allah sei gelobt, ja!«

»Hast du Schwestern?«

»Ja, eine einzige. Aber sie ist weit, weit von hier und meine Eltern auch und alle, die ich liebe. Ich bin ganz allein hier in der Fremde.«

»O du Armer, so will ich deine Schwester sein. Nenne mich Schwester, und ich werde dich Bruder nennen.«

Es folgten berauschend schöne Tropenabende. Brehm lernte verstehen, was das arabische Wort »Leila« (Nacht) bedeutet. Noch in späteren Jahren klang es ihm wie Musik. Manchmal durfte er Warde auch »Habihbti« (Geliebte) nennen. Der alte Scheich, den er als Sprachlehrer aufgenommen hatte, lehrte ihn Worte, wie sie in den Büchern standen, Warde lehrte ihn solche, wie sie das frisch erblühende Leben bedurfte. Die Rose duftete für ihn, doch die Tage flogen dahin, und die Abschiedsstunde nahte.

»Die Betrübnis ist eingezogen bei uns,« sagte Warde traurig, »und der Schmerz ist zwischen uns getreten, mein Bruder, mein Freund, mein Herr! Aber du kannst mich ja mit dir nehmen, o Lust meiner Seele!«

»Nein, Warde, das kann ich nicht.«

»Und warum nicht, mein Gebieter?«

»Seele meines Lebens, ich kann nicht, ich darf nicht. Es wäre Sünde an dir und deinem Leben, Habihbti! Und dann, wie soll ich dich mit mir nehmen, Warde?«

»Als dein Weib, Mann!«

»In meinem Lande heiratet man nicht so früh. Ich zähle noch zu wenig Jahre, als daß ich mir eine Frau nehmen könnte. Das bedenke, o Gute!«

»So nimm mich mit dir als deine Dienerin, als deine Sklavin! Befiehl mir, was ich sein soll, und ich werde dir gehorchen!«

»Es geht nicht, es ist unmöglich, Warde, es wäre eine Sünde an dir! Aber denke an mich, wenn ich in der Ferne bin!«

»Oh, du wirst meiner gedenken, wenn das Unglück in dein Zelt tritt und die Krankheit sich auf dein Lager legt.«

»Ich werde deiner immer gedenken, Warde!«

Sie antwortete nichts mehr: sie weinte.

»Allah behüte dich, und Issa (Jesus) sei mit dir, du lieber, böser, fremder Mann!«

Das waren die letzten Worte, die Brehm von ihr vernahm.

Selten ist wohl ein Liebesverhältnis zwischen Europäer und Afrikanerin mit duftigerer Zartheit geschildert worden als dieses. Brehm war überhaupt ein Typ männlicher Keuschheit, so wie sie Gottfried August Bürger so schön besungen hat. Er war ganz gewiß kein Philister oder Spielverderber oder Lebensverächter, aber nie kam im Familienkreise ein unanständiges Wort über seine Lippen, selbst nicht beim Becherklang inmitten vertrauter Freunde.

*

Die Verhältnisse Brehms in Chartum hatten sich inzwischen immer peinlicher und unangenehmer gestaltet. Um seine geradezu verzweifelte Lage zu verstehen, müssen wir einiges nachholen. Nach der geschilderten Überwindung der Stromschnellen von Wadi-Halfa waren Baron Müller und Brehm noch gemeinsam nilabwärts nach Alexandria gereist, und hier schiffte sich der Baron nach Europa ein und eilte der deutschen Heimat zu, während Brehm allein im schwarzen Erdteil zurückblieb. Der Baron wollte in Deutschland die nötige Ausrüstung beschaffen für eine sehr großartig von ihm angekündigte Forschungsreise nach den Nilquellen, die ja damals das große geographische Problem waren, und wollte noch weitere Teilnehmer dazu anwerben, um dann sobald als möglich zurückzukehren und an der Spitze der neuen Expedition ins unerforschte Innere von Afrika zu ziehen. Brehm sollte derweil auch seinerseits allerlei Vorbereitungen treffen und die übrigen Teilnehmer in Unterägypten erwarten, die Zwischenzeit aber durch Jagen und Sammeln an dem 45 Quadratmeilen großen, aber nur metertiefen Menzaleh-See ausnutzen, in dem er eine großartige Winterherberge und Durchzugsstation osteuropäischen und westasiatischen Sumpf- und Wassergeflügels entdeckt hatte.

Er mußte viele Monate warten, war schon in Geldverlegenheit und deshalb sehr ungeduldig, aber endlich langten doch drei weitere Reiseteilnehmer mit einer freilich sehr bescheidenen Ausrüstung an. Der Klügste von ihnen trat sofort zurück, als er bemerkte, wie völlig ungenügend die so großspurig angekündigte Expedition finanziert war. Es blieben der Dr. med. Richard Vierthaler aus Cöthen, der auf eigene Kosten reiste, und -- Brehms eigener, um sechs Jahre älterer Stiefbruder Oskar. Die Freude des Wiedersehens war natürlich groß, die Geldsumme aber, die Oskar dem jüngeren Bruder als dem vorläufigen Expeditionsleiter aushändigte, war so gering, daß sie kaum zur Bestreitung der Reisekosten bis Chartum ausreichte. Indessen hatte ja der Baron fest versprochen, baldmöglichst nachzukommen und reichliche Geldmittel mitzubringen oder auch nach Chartum vorauszusenden. Für Alfred Brehm, der trotz aller schlimmen Erfahrungen dem Baron immer noch rückhaltlos vertraute, gab es daher kein Zögern, und er entschied sich für sofortigen Aufbruch; sehnte er sich doch mit allen Fasern seines Herzens danach, endlich aus dem langweiligen Unterägypten fortzukommen und wieder in wirklich wilde Länder mit urwüchsigem Tierleben zu gelangen, war man doch jetzt zu dritt und konnte vereint alle Hemmnisse mit gemeinsamer Kraft leichter überwinden als allein. Aber weder Dr. Vierthaler noch Oskar Brehm haben die Heimat wiedergesehen. Jener erlag dem mörderischen Klima, und dieser ertrank am 8. Mai 1850 bei Dongola vor den Augen des verzweifelnden Bruders im Nil, ohne daß ihm rechtzeitig Hilfe gebracht werden konnte. Es war ein schwerer Schlag für Alfred Brehm, unsern jungen Freund. Unter einer einsamen Palme in der Wüste, eine Viertelstunde vom Nil entfernt, erhebt sich Oskar Brehms schmuckloser Grabhügel.

Nach beschwerlicher Reise kam Brehm ohne den geliebten Bruder abermals in Chartum an, nahm seine Sammeltätigkeit wieder auf und wartete geduldig auf den Baron oder doch wenigstens auf eine größere Geldsumme, die die Weiterreise der »Expedition« ins Innere ermöglichen würde. Aber es kam nichts, höchstens dann und wann ein grober Brief mit Vorwürfen darüber, daß die Expedition noch nicht zum Oberlauf des Blauen Flusses vorgedrungen sei. Ja, wie hätte sie denn das ohne alle Geldmittel tun sollen? Auch in Afrika ist das Reisen nicht umsonst, im Gegenteil um das Vielfache teurer als in Europa. Trotzdem zog es auch Brehm mächtig in die geheimnisvollen Urwälder am Blauen Nil, und er wollte wenigstens einen Versuch unbedingt wagen, ehe das ungesunde Klima Chartums seine körperlichen Kräfte wieder allzu sehr geschwächt haben würde. Er hatte schon kleinere Schulden machen müssen und entschloß sich nun zur Aufnahme eines größeren Darlehens, um seinen Plan durchführen zu können. Er wandte sich an einen reichen Armenier, der mit schönen Sklavinnen handelte und auch dafür bekannt war, daß er Wuchergeschäfte machte. Der mochte den Deutschen wohl schon erwartet haben und empfing ihn sehr freundlich:

»Sie wünschen von mir Geld zu haben, verehrtester Herr. Ich bin gerne erbötig, Ihren Wunsch zu erfüllen. Aber ich bin Kaufmann, und sie werden sich nicht wundern, wenn ich Ihnen sage, daß ich nur gegen Zinsen ein Darlehen gewähren kann. Auch glaube ich, daß es für Sie am zweckmäßigsten wäre, wenn sie zu Ihrer bevorstehenden Reise meine Barke benutzen würden, die ich Ihnen für die Mietsumme von monatlich 700 Piastern überlassen will, wieviel Piaster haben sie nötig?«

Brehm nannte die Summe von 3000 Piastern. Der Gauner forderte 60 Prozent Zinsen und für seine elende Barke das Doppelte des üblichen Mietpreises. Das waren furchtbare Bedingungen, in deren Erfüllung Brehm seinen völligen Untergang voraussah. Er kochte innerlich vor Wut, aber er biß die Zähne zusammen und fügte sich, weil er sich eben fügen mußte, weil der Ertrinkende in seiner Verzweiflung auch nach einem Strohhalm greift. Als aber bei Ausstellung des Schuldscheins und Berechnung der Geldsorten der Armenier den bedauernswerten Forscher um weitere 20 Prozent zu betrügen versuchte, blieb der Deutsche seiner Entrüstung nicht länger Herr. Mit starker Hand hielt er den Schurken an seinem langen Barte fest und prügelte ihn mit der Nilpferdpeitsche, so lange er seinen rechten Arm rühren konnte, und das dauerte sehr lange, denn dieser Arm war jung und kräftig. Der getreue Ali hütete derweil mit gespannter Pistole die Tür des Diwan,[2] so daß die Dienerschaft ihrem jämmerlich um Hilfe rufenden Herrn keine Unterstützung bringen konnte. Endlich entwand sich der Gauner Brehms ermattenden Händen, flüchtete in seinen Harem und schrie: »Maladetto, jetzt sieh, wo du Geld herbekommst!« Ohne ein weiteres Wort verließ Brehm den Diwan des bestraften Wucherers.

Der gestrenge Oberstatthalter des Sudan, Latief Pascha, soll herzlich gelacht haben, als ihm dies Geschichtchen zugetragen wurde, denn der echte Türke mag ja den Armenier nicht ausstehen. Darauf fußend, wagte es der verzweifelnde Brehm, den Pascha selbst in einer Bittschrift um ein Darlehen von 5000 Piastern auf vier Monate anzugehen, bis dahin würde er sicherlich Geld durch Baron Müller erhalten haben, schon am nächsten Tage hielt er eine Anweisung auf das Schatzamt in Händen: »Wir haben das Gesuch des Deutschen Chalil Effendi[3] zu genehmigen beschlossen und befehlen euch, ihm 5000 Piaster ohne Zinsen auf vier Monate vorzustrecken. Laßt euch von ihm einen Empfangsschein geben. Sollte der Herr aber nach Verlauf von vier Monaten noch nicht imstande sein, das ihm geliehene Geld an die Kasse der Regierung zurückzuzahlen, so sendet uns seinen Empfangsschein zu und rechnet uns die Summe von 5000 Piastern auf unsere Apanagen.«

So großmütig, wahrhaft königlich handelte der Türke. Als Brehm seinem Gönner einen Dankbesuch abstattete, wurde er mit Worten empfangen, die fast wie ein Vorwurf klangen: »Es war unrecht von dir, Chalil Effendi, daß du mir deine Verlegenheit nicht schon früher angezeigt hast. Ich würde sie längst beendigt haben. Wie konntest du aber auch erst zu einem dieser schurkischen Christen gehen, statt gleich zu einem Mohammedaner?«

Die Reise nach dem Oberlauf des Blauen Flusses konnte also angetreten werden, sie gestaltete sich zu einer der glücklichsten und erfolgreichsten, die Brehm je gemacht hat, zumal er dabei von den tückischen Fieberanfällen so ziemlich verschont blieb. Er konnte diesmal weit tiefer ins Innere vordringen als früher mit Baron Müller. Erst als der Schießbedarf zu Ende ging und sich die Ausbeute

---

[2] Empfangszimmer für Männer

[3] So wurde Brehm von Arabern und Türken genannt

zu stark anhäufte, kehrte er um. Jetzt lernte er überdies die überwältigende Formen- und Farbenfülle der Tropen erst in ihrem ganzen Umfang kennen und wurde mit den sagenhaftesten Gestalten der Urwälder und Sümpfe innig vertraut, hier lebt auch der riesenhafte, vorsintflutlich anmutende Watvogel, den die Araber Abu Markub nennen, d. h. Vater des Schuhs, denn in der Tat hat sein absonderlicher Schnabel die größte Ähnlichkeit mit den plumpen Schuhen, wie sie die ägyptischen Bauern tragen. Aufregende jagdliche Abenteuer gab es in Hülle und Fülle, und einmal wäre Brehm um Haaresbreite van einem wütenden Nilpferd getötet worden; nur seine Schwimmkunst rettete ihm das Leben. Mit einer Ausbeute von nicht weniger als 1400 seltenen und wertvollen Vogelbälgen kehrte der Forscher glücklich nach Chartum zurück.

Hier erwarteten ihn wohl Nachrichten aus dem Elternhause, aber von Baron Müller waren weder Briefe noch Wechsel noch sonst ein Lebenszeichen eingetroffen. Es kam auch künftig nichts mehr. Damit begann die alte Geldverlegenheit mit all ihrem aufreibenden Elend von neuem. Brehm mußte sich aufs äußerste einschränken, aber er arbeitete unverdrossen weiter an der Vervollständigung seiner Sammlungen, weil nur durch Arbeit seine entsetzliche Lage erträglicher wurde, weil nur die Natur Genüsse bot, die ihn das Elend seiner häuslichen Umstände vergessen ließen. Schließlich erfuhr er durch den österreichischen Konsul von Kairo auf Anfrage, daß Baron Müller bankerott sei. Damit war der letzte Hoffnungsstrahl geschwunden! Verlassen und verraten im Innern Afrikas! Ohne Mittel zur Heimkehr! Nur wer selbst gleich dem Schreiber dieser Zeilen eine ähnliche Lage durchgemacht hat, wird ermessen können, was sie bedeutet. Dazu stellte sich das »Geschenk des Teufels«, die Malaria, wieder ein und steigerte sich zu immer heftigeren und in immer kürzeren Zwischenräumen wiederkehrenden Anfällen. Aber die wissenschaftliche Ausbeute durfte trotzdem nicht notleiden, alles Entbehrliche wurde für sie verwendet. Brehm vertauschte seine silberne Uhr gegen acht Pfund Schießpulver, er verkaufte Kleider, Waffen, Bücher, Kisten, Wäsche, den wenigen Schmuck, den er besaß, kurz alles, was sich irgend verkaufen ließ. Er bat in seiner Not den Pascha um etwas Schießpulver. »Gebt dem Herrn 6000 Stück Militärpatronen zum Einkaufspreise der Regierung!« lautete die an den Aufseher des Pulvermagazins zu überbringende Antwort. Das Pulver war freilich schlecht, aber das Pfund kostete auf diese Weise auch nur fünf Piaster, und die Bleikugeln waren umsonst. Brehm goß Schrote aus ihnen. Natürlich konnte er dem Pascha auch die entliehenen 5000 Piaster vorläufig nicht zurückzahlen und bat deshalb brieflich um Verlängerung der Frist. »Zwischen dir und mir gibt es keine beschwerlichen Dinge«, schrieb der Türke einfach zurück.

Schuhschnabel oder walköpfiger Storch (Balaeniceps rex) aus dem Weißen Nilgebiet. Das ist der Vogel »Abu Markub« -- eine Vogelart, die Brehm

Ich kannte früher ein rührendes Gedicht Brehms aus dieser Leidenszeit, betitelt »Meine letzten drei Freunde«,[4] unter denen er seine vielerprobte Büchse, seinen treuen Diener Ali und seine zahme Löwin Bachida verstand. Und wurde unserem Freunde das Herz einmal gar zu kummerschwer, und war der Dämon des Fiebers einmal auf Stunden von ihm gewichen, dann schulterte er sein Gewehr und zog hinaus in die freie Natur, sich neu zu kräftigen und zu stärken. Wer in der Natur Trost zu finden weiß, der kann ja niemals ganz unglücklich werden!

Um diese kritische Zeit kam ein deutscher Großkaufmann aus Petersburg, namens Bauerhorst, nach Chartum, um dort Handelsbeziehungen anzuknüpfen. Er war ein anständiger Mensch, befreundete sich bald mit Brehm, und erbot sich, ihn nach Abwicklung seiner Geschäfte bis nach Kairo mitzunehmen. Ein Ausweg? Es fragte sich, ob der Pascha als Brehms Hauptgläubiger die Erlaubnis zu dessen Abreise vor Bezahlung der Schuld geben würde. Beide gingen deshalb zu ihm, Bauerhorst, um Abschied zu nehmen, Brehm, um zu bitten, seine Schuld von Kairo aus zahlen zu dürfen.

Der Pascha war schlechter Laune und anfangs sehr kalt. Brehm übersetzte zuerst Bauerhorsts Abschiedsworte und kam dann zu seiner Bitte: »Herrlichkeit, ich muß zugrunde gehen, wenn ich noch länger hier verweile. Nach Aussage der Ärzte ist mein geschwächter Körper nicht mehr fähig, neuen Fieberanfällen Widerstand zu leisten. Ich muß eilen, ein gesundes Klima zu erreichen; auch möchte ich gerne die Lieben im Vaterlande wiedersehen, von denen ich so lange getrennt gewesen bin.«

»Aber wer hält dich denn hier zurück, Chalil Effendi? So ziehe doch in Frieden deiner Heimat zu!«

»Herrlichkeit, mich hält einzig und allein mein gegebenes Wort zurück. Ich bin dein Schuldner und freue mich, es zu sein, weil ich

---

[4] Alle meine Bemühungen, es wieder aufzutreiben, sind leider vergeblich gewesen

dadurch deine Großmut erkennen lernte. Es ist mir aber unmöglich, mein Wort hier zu lösen, wie ich es versprochen habe. Ich kann es nur in Kairo, willst du mir erlauben, daß ich dahin abreisen darf, so wirst du das Maß deiner gegen den Fremdling reichlich bewiesenen Güte übervoll machen.«

»Zum Teufel! Was denkst du von mir, Chalil Effendi? Bezahle zwei Monate nach deiner Ankunft an deinen Konsul in Kairo; ich werde das Geld dort erheben lassen. Aber wie willst du nach Kairo gelangen? Das ist ein Weg von mehreren hundert Meilen, wo willst du die Reisekosten hernehmen?«

»Mein Freund Bauerhorst hat versprochen, sie bis nach Kairo auszulegen.«

»Ganz gut, Chalil Effendi, aber ich will dir noch eine Lehre geben. Du bist noch jung und kannst noch nicht die Menschenkenntnis besitzen, die ich mir durch lange Erfahrung im Geschäftsleben erworben habe. Glaube mir, der beste Freund verwandelt sich allgemach in einen Feind, wenn man ihn fortwährend um Geld anzusprechen gezwungen ist. Ich kann verhüten, daß auch du diese Erfahrung machst, und ich will es. Ich werde verfügen, daß man dir noch 5000 Piaster aus der Schatzkammer ausbezahlt. Du bist dann 10000 Piaster schuldig. Zahle sie an deinen Konsul in Kairo zurück!«

Brehm, für den diese Worte eine glänzende Erlösung aus seinem Elend und die endliche Rückkehr in die Heimat bedeuteten, fand anfangs kaum Worte, seinen Dank auszudrücken. Endlich stammelte er: »Herrlichkeit, deine Gnade drückt mich zu Boden. Ich werde deinen Edelmut nie vergessen.« In dem feuchten Blick des beglückten Deutschen mochte der Pascha wohl lesen, daß er seine Großmut an keinen Unwürdigen verschwendet habe. Freundlich entließ er ihn.[5]

Nun ging es also wirklich an die Zurüstungen zu der langwierigen Heimfahrt, die bei der Menge der angesammelten wissenschaftlichen Ausbeute und der großen Anzahl Tiere, die lebendig mitge-

---

[5] Brehm hat mit Hilfe seiner Verwandten die Schuld pünktlich zurückgezahlt. Der Pascha schrieb später dem alten Brehm nach einen sehr netten Brief, worin er ihn zu diesem Sohn beglückwünscht

führt werden mußten, recht umständlich waren. In Kairo traf Brehm zufällig mit seinem berühmten Landsmann Theodor von Heuglin zusammen, und beide machten gemeinsam noch einen Abstecher nach dem Sinai. Es ist bezeichnend für Brehm, daß er, obwohl es ihn begreiflicherweise mit allen Fasern seines Herzens nach der trauten Heimat zog, doch diese Gelegenheit nicht versäumen wollte, nun auch noch die zwar spärliche, aber sehr eigenartige Tierwelt des Sinai kennenzulernen, um sie mit der ägyptischen vergleichen zu können. Am 16. Juli 1852 drückte Alfred Brehm nach mehr als fünfjähriger Abwesenheit seine treuen Eltern wieder ans Herz. Ein unreifer Jüngling war nach Afrika hinausgezogen, ein weit über seine Jahre gereifter, ernster, ganzer Mann kehrte zurück.

In Spanien

In einer wonnigen Frühlingsnacht saß Brehm am Fuße der Alhambra und lauschte in verträumtem Sinnen den Nachtigallen. Vollmondschein versilberte das steingewordene Spitzengewebe des arabischen Wunderbaus. Brehm dachte darüber nach, wie recht doch Alexander Dumas wenigstens in tiergeographischer Hinsicht hat, wenn er sagt: »Afrika beginnt hinter den Pyrenäen«. Und der Deutsche begriff, daß er nunmehr hier in Andalusien im afrikanischsten Teile Spaniens angekommen sei. Er vergegenwärtigte sich den Weg über die vielbesungene Sierra Morena, diesen Smaragd am Herzen Spaniens, auf daß nun auch die dritte, schönste und letzte der scharf abgegrenzten Zonen Spaniens ihm ihre Pforten öffne. Palmen und Kaktusfeigen, die riesenhafte Agave und der Johannisbrotbaum traten nunmehr als Charakterpflanzen auf. Hier herrscht der Himmel Nordafrikas mit seiner Milde und seiner Glut, hier klingt und singt es wieder, denn der Winter muß zum Frühling werden. Singend reden die Menschen, wenn sie sprechen, tanzend bewegen sie sich, wenn sie gehen.

Und die Vögel? Nun auch sie teilen die allgemeine Lust. Sie sind es, die dem ernsten Gebirge, das sich ohne den Schmuck frischgrüner Wälder zum Himmel hebt, seinen Ernst zu nehmen sich erdreisten, die es wenigstens zu beleben versuchen. Hier in dieser Zone ist der Süden zur alleinigen Herrschaft gelangt, aber er hat den Norden gebeten, ihm einige seiner Sänger zu leihen, denn er will nicht bloß in Farben leben und blühen und glühen, sondern auch in Klängen und Liedern. Deshalb durften in Andalusien die Sänger nicht fehlen.

Theodor von Heuglin (1824--1876), der Begleiter Brehms auf der Reise nach dem Sinai.
Nach einer zeitgenössischen Lithographie von E. Pfann aus dem Nachlaß Heuglins im Museum für Länder- und Völkerkunde -- Lindenmuseum -- in Stuttgart

Ein Abendbummel innerhalb der Ringmauern des Feenschlosses Alhambra muß nicht nur einem Brehm, sondern im Frühling auch jedem anderen Menschenkinde, und wäre es das prosaischste auf der weiten Erde, einen gewissen poetischen Schwung in die Seele tragen. Diese Stimmung bringt die Königin der Hecken und Gebüsche, die Nachtigall. Einige Provinzen Spaniens sind reichbegabt mit diesem herrlichsten aller Sänger. Nicht hier und dort, ein ganzes Stück vom nächsten entfernt, singt und jubelt einer wie bei uns zu Lande: nein, Hunderte hört man zu gleicher Zeit. In jedem Gebüsch schlägt eine Nachtigall, in jeder Hecke wohnt ein Pärchen. Die ganze große, grüne Sierra Morena gleicht einem einzigen Nachtigallengarten. Um die großartigen Felsterrassen, Galerien, Kegel und Wälle der Gralsburg Monserrat in Katalonien klingt in wunderbarer Harmonie das von hundert und tausend gesungene *eine* Lied, und selbst im Innern Spaniens sind alle zusammenhängenden Gebüsche voll von dem *einen* Schlag. Eine Wanderung durch Feld und Wald im begrünten Gebirge ist ein fortdauernder Genuß, denn ein nimmer endendes Konzert erquickt das innerste Herz. Im klang- und poesiereichen Andalusien, im freundlich ernsten Katalonien, im frischgrünen Schweizerland in Galizien oder Asturien, überall jauchzt dem Wanderer die Nachtigall entgegen. Die beiden Brehm waren bei ihrem Eintreffen in Spanien bezaubert, hingerissen von diesem Nachtigallenkonzert, zumal man die einzelnen Sänger gar nicht mehr unterscheiden konnte: es waren ihrer zu viele! Man mochte sich wenden, wohin man wollte, überall begegnete man der Nachtigall als dem häufigsten Singvogel. In jedem Orangengarten lebten zwei, vier, sechs, acht oder zehn Paare oder noch mehr. Die Bäume prangten im Schmuck ihrer duftigen Blüten und goldenen Früchte und vereinigten sich mit den Nachtigallen, denen sie in ihrem dunklen Gelaub Herberge boten, um Auge und Ohr des Forschers mit nie gekannten Genüssen zu erfüllen. Die Hallen des alten Königsschlosses Alhambra sind verödet, ihr prunkvolles Leben erstarb, aber die gefiederten Minnesänger aus alter Zeit sind treu geblieben und werden es bleiben, solange das auf die Höhe geleitete Wasser noch rauscht und murmelt und flüsternd erzählt von entschwundener Herrlichkeit.

Brehm ist zweimal in Spanien gewesen, hat aber leider gerade über diese beiden Reisen fast nichts veröffentlicht; das erstemal kam er gleich nach seiner Studentenzeit zusammen mit seinem älteren Bruder Reinhold, der dabei als Arzt in Madrid hängen geblieben ist und den jüngeren Alfred um viele Jahre überlebt hat. Durch den Verkehr mit Schmugglern, Räubern, Zigeunern und halbwilden Hirten soll gerade diese Reise, über die Brehm nicht gern redete, überreich gewesen sein an Abenteuern und romantischen Erlebnissen aller Art. Bald sprach Brehm fließend Spanisch und konnte sich nach seiner Art auch in das Studium der Bevölkerung vertiefen, die er dabei herzlich lieb gewann. Ihre vornehme Haltung, ihr stolzes, ritterliches Wesen entsprach ja so ganz seiner eigenen Wesens- und Denkart. Zur Deckung der Reisekosten hatten die Brüder »Aktien« herausgegeben, deren Inhaber das Recht besaßen, für einen entsprechenden Betrag unter der Ausbeute das ihnen Zusagende sich auszuwählen. Deshalb konnte leider ein Großteil dieser wertvollen Ausbeute, soweit sie nicht in die Sammlung des Vaters überging, nicht als Ganzes wissenschaftlich bearbeitet werden, sondern wurde gleich nach Beendigung der Reise in alle Welt zersplittert. Das ist tief zu beklagen, denn Spanien ist auch heute noch das ornithologisch unerforschteste Land Europas. Die zweite spanische Reise machte Brehm 1879 zusammen mit seinem Freunde, dem Kronprinzen Rudolf von Österreich. Es war wohl mehr eine Art höfischer Jagdreise, die hauptsächlich den Steinböcken, Adlern und Bartgeiern galt und die Brehm mancherlei Orden und Auszeichnungen eintrug, woraus er sich aber nie viel gemacht hat. Als er starb, stand ein Prachtexemplar der zweiten Auflage des »Tierlebens« in Renthendorf versandfertig für den König von Spanien bereit. Mit Veröffentlichungen über diese doch gewiß auch sehr interessante Reise wollte Brehm wahrscheinlich dem Kronprinzen, der ja selbst schriftstellerte, nicht vorgreifen, und so sind sie leider ganz unterblieben.

Nordlandfahrt

Erik Svensen, der alte verwitterte norwegische Trapper, der Brehms unzertrennlicher Jagdgefährte in Lappland geworden war, kniete nieder, prüfte aufmerksam den Boden und sagte: »Hier hat heute ein Renntier geäst. Schau, diese Pflanzen sind frisch abgebissen, und hier liegt ein Stengel daneben, noch saftig und unverwelkt.« Nicht weit davon fand denn auch Brehm an einer feuchten Stelle die scharf und frisch abgedrückte Fährte des begehrten Wildes. Kein Zweifel also: wilde Renntiere, an deren genauer Beobachtung Brehm so viel lag, waren wirklich in der Nähe. Es kostete aber noch manchen vergeblichen Pirschgang und manchen Schweißtropfen, bis man zum Ziele gelangte. Es bedurfte oft meilenweiter Märsche auf völlig ungewohntem und überaus schwierigem Gelände. An Gefahr war dabei allerdings kaum zu denken, aber Beschwerden gab es genug. Die Halden bestanden nur aus wirr durcheinander und übereinander gewürfelten Schieferplatten, die entweder beim Darüberschreiten in rutschende Bewegung gerieten oder aber so scharfkantige Ecken, Spitzen und Kanten hervorstreckten, daß jeder Schritt durch die Stiefelsohlen hindurch schmerzlich fühlbar wurde. Die außerordentliche Glätte der Platten, über die das Wasser herabrieselt, vermehrte noch die Schwierigkeiten des Weges, und das beständige Durchwaten der glatt gescheuerten Rinnsale erforderte ängstliche Vorsicht, wenn man blutige Abschürfungen an Armen und Beinen sowie ein unfreiwilliges Bad im eiskalten Gebirgswasser vermeiden wollte. Man kam deshalb auf Pirschgängen nicht gerade rasch vorwärts. Die Renntiere selbst standen oben auf den kahlen Hochflächen, die nur noch mit Zwergbirken, Beerengestrüpp, Moosen und Flechten spärlich bekleidet waren.

Endlich erspähte Brehm von einem Hügel aus in einer Talmulde ein Rudel von 18 Renntieren. Er und Svensen entledigten sich rasch alles überflüssigen Gepäcks, prüften die Windrichtung und krochen dann Schritt für Schritt mit aller erdenklichen Vorsicht das scheue und scharfsinnige Wild an, bis sie hinter einigen großen Steinen Deckung fanden und Atem schöpfen kannten. Brehms Wunsch war erfüllt: Es war ein prachtvolles Schauspiel, das das Rudel ihm bot. Er brachte das Fernrohr gar nicht mehr vom Auge, um nur ja keine Bewegung der edlen Tiere sich entgehen zu lassen. Einige ästen, andere hatten sich niedergetan, wieder andere liefen spielerisch hin und her oder neckten sich mit ihren vielzackigen Geweihen, plötzlich aber kam Leben und Bewegung, Schrecken und Furcht über alle. Sie stoben davon und jagten trottend durch Sumpf und Moor, gerade auf die Jäger zu, blieben dann aber wieder sichernd stehen, noch immer außer Schußweite. Brehms scharfes Auge erspähte auch bald die Ursache der ärgerlichen Störung in einem dunklen Klumpen, den er zunächst für einen Bären hielt. Als das Tier sich aber bewegte, erkannte er sofort, daß er es mit einem ungewöhnlich großen Vielfraß zu tun habe, und nun überwog bei ihm natürlich der Forscher den Jäger, denn der sagenumwobene Vielfraß gehört ja zu denjenigen Tieren, deren ein Zoologe nur ganz selten einmal in freier Natur ansichtig wird. Brehm bemerkte, wie der Vielfraß mit sehr stark bogenförmigen Sätzen lief, einem Marder entfernt ähnlich, aber mit weit mehr gebogenem Rücken und viel größeren Wölbungen, beinahe lauter Purzelbäume schlagend. Dieser Gang, die stattliche Größe und die dicke, buschige Lunte machen den Vielfraß sofort kenntlich. Der Räuber schien aber Verdacht geschöpft zu haben, plötzlich verließ er seinen Ausguck, trabte, trottelte und kugelte dem Gebirge zu, fing unterwegs flugs noch einen Lemming, verspeiste ihn im Weiterlaufen, sah sich nach einmal mißgünstig nach dem menschlichen Störenfried und betrübt nach den Renntieren um und verschwand dann im Geklüft des Bergrückens.

Da das Gelände nirgends Deckung zum Anschleichen bot, blieb den Jägern nichts übrig, als sich an zwei halbwegs günstigen Stellen niederzulegen und ein Näherkommen des Wildes abzuwarten. Drei volle Stunden lang wurde ihre Geduld auf eine harte Probe gestellt, sie durften sich ja nicht rühren, alle Glieder wurden steif, und in dem quatschnassen Moos lag es sich auch nicht gerade behaglich. Endlich äste sich das Rudel ganz langsam näher heran. Schon hob Brehm zögernd die Büchse, da krachte drüben der Schuß des Norwegers. Das Rudel schreckte, zog ängstlich hin und her, sicherte und wurde schließlich flüchtig. Ein Stück lahmte, trennte sich von den anderen und nahm die Richtung auf Brehm zu. Der schoß und sah zu seiner unaussprechlichen Freude das edle Wild im Feuer zusammenstürzen.

*

Donnernd hallte ein Kanonenschuß über die bewegten Fluten des Eismeeres und brach sich an den jähen Felsenwänden des Nordkaps und des Vogelberges Svärtholm. Der norwegische Schiffskapitän hatte sein Geschütz abfeuern lassen, um Brehm das Schauspiel der aufgescheuchten Brutkolonie von Dreizehenmöwen zu ermöglichen. Wie wenn ein tosender Wintersturm durch die Luft zieht und schneeschwangere Wolken aneinander schlägt, bis sie, in Flocken zerteilt, sich herniedersenken: so schneite es jetzt von oben lebendige Vögel herunter. Man sah weder den Berg noch den Himmel, sondern nur ein Wirrsal ohnegleichen. Eine dichte Wolke erfüllte den ganzen Gesichtskreis, und erfüllt war Fabers Wort: »Sie verbergen die Sonne, wenn sie fliegen.« Heftig blies der Nordwind, und wütend brandete das Eismeer am Fuß der Klippen, aber lauter noch erklangen die kreischenden Schreie der Möwen, damit auch das Wort sich bewahrheitete: »Sie übertäuben das Tosen der Brandung, wenn sie schreien.« Die Wolke senkte sich endlich auf das Meer hernieder, die bisher von ihr umnebelten Umrisse von Svärtholm traten wieder hervor, und ein neues Schauspiel fesselte die Blicke. Auf den Felsbändern schienen noch ebensoviele Möwen zu sitzen wie vorher, und Tausende flogen noch ab und zu, auf dem Meere aber, soweit es sich überschauen ließ, lagen, leichten Schaumballen vergleichbar, die weißen Vögel und schaukelten mit den Wogen auf und nieder. »Wie soll ich diesen herrlichen Anblick beschreiben? Soll ich sagen, daß das Meer Millionen und aber Millionen lichte Perlen in sein dunkles Wellenkleid geflochten habe? Oder soll ich die Möwen mit Sternen und das Meer mit dem Himmelsgewölbe vergleichen? Ich weiß es nicht, aber ich weiß, daß ich auf dem Meere noch niemals Schöneres erschaut habe. Und als wäre es noch nicht genug des Zaubers, goß plötzlich die auf kurze Zeit verhüllt gewesene Mitternachtssonne ihr rosiges Licht über Vorgebirge und Meer und Vögel, beleuchtete alle Wellenkämme, als ob ein goldenes, weitmaschiges Netz über die See geworfen wäre, und ließ die ebenfalls rosig überstrahlten, blendenden Möwen nur um so leuchtender erscheinen. Da standen wir sprachlos im Schauen!«

Es gibt aber auch noch Vogelberge anderer, nicht minder großartiger Art im Norden, die auf ihren Rücken mit torfiger Erde bedeckt sind und die hauptsächlich von Alken, Lummen und Lunden be-

völkert werden, zwischen die nur vereinzelt Kormorane und Möwen sich eindrängen. Brehm hat auf seiner durch die Unterstützung
der »Gartenlaube« ermöglichten Nordlandreise auch die größte
dieser Siedlungen besucht. Die Torfrinde des Berges war nach Art
von Kaninchenhöhlen dicht von Bruthöhlen durchlöchert. Unter
Brehms Tritten, der in Schraubenlinien zum Gipfel des Berges em-
porstieg, zitterte das unterwühlte Erdreich. Und hervor aus allen
Höhlen lugten, krochen, rutschten, flogen mehr als taubengroße,
oberseits schieferfarbene, auf Brust und Bauch glänzend weiße Vögel mit phantastischen Schnäbeln und Gesichtern, kurzen, schmalen, spitzigen Flügeln und stummelhaften Schwänzen. Aus allen
Löchern erschienen sie, aus Ritzen und Spalten des Gesteins nicht
minder, wohin man blickte, boten sich nur Vögel dem Auge, und
ihre leise knarrenden Stimmen vereinigten sich zu einem sonderba-
ren Gedröhn. Jeder Schritt weiter entlockte neue Scharen dem Bau-
che der Erde, von dem Berge herab nach dem Meere begann es zu
fliegen, von dem Meere nach dem Berge hinauf schwärmten bereits
unzählbare Massen. Aus Hunderten waren Tausende, aus Tausenden Zehntausende geworden, und Hunderttausende entwuchsen
fortwährend dem braungrünen Boden. Eine Vogelwolke umhüllte
den Forscher, umhüllte den ganzen Berg, so daß dieser, zauberhaft
wohl, aber den Sinnen noch begreiflich, zu einem riesenhaften Bie-
nenstocke sich wandelte, um den nicht minder riesenhafte Bienen
schwirrend und summend schwebten und gaukelten. Je weiter
Brehm kam, um so großartiger gestaltete sich das Schauspiel. Der
ganze Berg wurde lebendig. Hunderttausende von Vogelaugen
lugten auf den Eindringling herab.

Der Vogelberg in Vesteraalen (Norwegen).
Nach einer Zeichnung aus dem Jahre 1861 Von links nach rechts: Teisten,
Scharbe, Lummen, Lunde, Möwe, Alk

»Aus allen Ecken und Enden, von allen Winkeln und Vorsprüngen her, aus allen Ritzen, Höhlen und Löchern wälzte es sich heraus, zur Rechten wie zur Linken, ober- und unterhalb, in der Luft wie auf dem Boden wimmelte es von Vögeln, von den Wänden wie vom Gipfel des Berges herab ins Meer stürzten sich ununterbrochen Tausende in so dichtem Gedränge, daß sie dem Auge ein festes Dach vorzutäuschen vermochten. Tausende kamen, Tausende gingen, Tausende saßen, Tausende tänzelten unter Zuhilfenahme der Schwingen in wundersamer Weise dahin, Hunderttausende flogen, Hunderttausende schwammen und tauchten, und neue Hunderttausende harrten des auch sie aufscheuchenden Fußtritts.«

Es wimmelte, schwirrte, rauschte, tanzte, flog und kroch um Brehm herum, daß ihm fast die Sinne vergingen; das sonst so scharfe Auge versagte den Dienst, das Gewehr zitterte in der sonst so zielsicheren Hand, halb betäubt kam er endlich auf dem Gipfel an und blieb 18 Stunden auf ihm liegen, um das Leben der Alken recht genau kennen zu lernen, sie hatten bald alle Scheu vor ihm verloren; tänzelnden Ganges näherten, sie sich ihm so weit, daß er mit der Hand nach ihnen zu greifen versuchte. Die Schönheit und der Reiz des Lebens zeigten sich in jeder Bewegung der wunderlichen Vögel. Mit Erstaunen erkannte Brehm, wie steif und kalt auch die besten Abbildungen dieser absonderlichen Geschöpfe sind, denn er bemerkte eine Regsamkeit und eine Lebhaftigkeit in den wundersamen Gestalten, wie er sie ihnen nie zugetraut hätte. Nicht einen Augenblick saßen sie ruhig, bewegten mindestens Kopf und Hals fort und fort nach allen Seiten hin, und ihre Umrisse gewannen dabei wahrhaft künstlerische Linien. Es war, als ob die Harmlosigkeit, mit der sich Brehm ganz der Beobachtung hingab, durch unbeschränktes Vertrauen von ihrer Seite vergolten werden sollte. Er verkehrte mit den Tausenden, als ob sie Haustiere wären, die Millionen schienen ihn geradezu als einen der ihrigen zu betrachten.

Manch feinen Zug konnte Brehm dabei dem Leben der Alken ablauschen. Ihre geselligen Tugenden erreichen während der Brutzeit eine unvergleichliche Höhe. Während sonst in der Vogelwelt ein Mißverhältnis der Geschlechter zu ununterbrochenem Streite führt, wird bei den Lummen der Friede nicht gestört. Die beklagenswerten Hagestolze, die kein Weibchen zu ergattern vermochten, wandern trotzdem in Verein mit den glücklichen, unterwegs kosenden und tändelnden Paaren dem Brutberge zu. Hat das Weibchen sein einziges, aber sehr großes, kreiselförmiges und buntgetüpfeltes Ei gelegt und hat dessen Bebrütung begonnen, dann wollen auch die armen Junggesellen wenigstens ihren guten Willen bekunden und drängen sich den einzelnen Paaren als Hausfreunde auf. Wachehaltend stehen sie vor den Bruthöhlen, aus denen das Männchen sich entfernt hat. Wenn aber beide Eltern gleichzeitig zum Meere hinabgeflogen sind, dann rutschen sie ohne Zögern ins Innere der Höhle und wärmen inzwischen das verlassene Ei. Nur brüten, ein ganz klein wenig brüten wollen sie: gewiß ein bescheidenes Verlangen für einen Junggesellen! Diese selbstlose Hingabe hat eine Folge, um die wir Menschen die Alken beneiden könnten: auf den Vogelbergen gibt's kein Waisenkind! Sollte der Gatte eines Paares verunglücken, so bietet sich der Witwe augenblicklich Ersatz, und sollten gar beide Eltern gleichzeitig umkommen, flugs sind die gutmütigen Junggesellen zur Hand, um das Ei vollends auszubrüten und das Junge sorgfältig aufzuziehen.

Mit dem Herzog von Koburg in Abessinien

»Melde gehorsamst, Königliche Hoheit, daß ich eine starke Elefantenherde aufgespürt habe und daß also die Herrschaften voraussichtlich in den nächsten Tagen auf Elefanten zum Schuß kommen werden.« Mit diesen Worten trat Brehm, von einem Tagesausfluge zurückkehrend, schweiß- und staubbedeckt in das bei dem abessinischen Gebirgsdorfe Mensa aufgeschlagene Zelt des Herzogs Ernst II. von Sachsen-Koburg-Gotha, des bekannten »Schützen-Herzogs«, der mit zahlreichen Teilnehmern eine wissenschaftliche Jagdreise nach diesem afrikanischen Hochlande veranstaltet und die Oberleitung dem berühmten Tierforscher anvertraut hatte.

Der Herzog strich sich schmunzelnd den schwarzen Knebelbart, und die neben ihm stehenden Prinzen von Hohenlohe und von Leiningen lachten sogar aus vollem Halse. »Aber Brehm, wollen Sie uns mit so todernster Miene einen mächtigen Bären aufbinden? Nee, auf einen so plumpen Witz fallen wir nicht herein. So viel verstehen wir doch auch von der Natur des Elefanten, daß er kein Steinbock oder keine Gemse und auch kein Klettertier ist. Wie sollte denn der plumpe Koloß diese furchtbaren Steilhänge hinauf oder herunter kommen? Alles will ich Ihnen glauben, mein lieber Brehm, aber an Ihre Elefantengeschichte glaube ich nicht.«

»Und doch, Königliche Hoheit, ist es genau so, wie ich sagte,« erwiderte Brehm, »ich habe die Spuren der Elefanten deutlich gesehen und eine große Strecke weit verfolgt. Sie sind doch nicht mit denen eines anderen Tieres zu verwechseln.« »Was für Spuren eigentlich?« »Ja, richtige Fährten sah ich freilich nicht oder doch nicht deutlich genug; sie drücken sich auf dem harten Felsboden der Berge zu wenig ab oder verwischen sich im Geröll. Aber ich sah einen Kaktus, auf den ein Elefant mit seiner schweren Fußsäule getreten war, denn alle seine Blätter waren bis zur Wurzel herab zerquetscht. Einzig und allein der Elefant tritt auf diese Weise den Kaktus nieder. Alle anderen Tiere, vielleicht noch mit Ausnahme des Nashorns, umgehen ihn. Dann fand ich auch die ganz unverkennbare Losung der Riesentiere.« »Wie sieht sie denn eigentlich aus?« frug der Prinz von Leiningen interessiert dazwischen. »Das kommt ganz darauf an, welche Nahrung die Elefanten aufgenommen haben. Ästen sie vorzugsweise Gras, Kräuter und Baumblätter, so erinnert die Losung nach Gefüge und Farbe stark an die bekannten Pferdeäpfel, nur daß sie natürlich sehr viel umfangreicher ist. Haben die Elefanten dagegen hauptsächlich Zweige gefressen, so sind die Klumpen noch ungeheuerlicher, dunkler gefärbt und enthalten Aststücke von ziemlicher Länge und bedeutender Stärke. Die aufgefundene Losung war sicher noch ganz frisch, denn sie wurde stark von Mistkäfern beflogen, die nur an frischen Mist gehen. Ein weiteres gutes Kennzeichen war es, daß an den Bäumen viele Äste abgebrochen und Zweige abgerissen waren und das in einer Höhe, die außer dem Elefanten höchstens noch die Giraffe erreichen könnte. Aber abgesehen von den ganz verschiedenen Aufenthaltsorten schält die Giraffe nicht die Äste ab, wie dies der Elefant immer tut. Ich habe sogar die Überzeugung gewonnen, daß die Elefanten zu gewissen Jahreszeiten ganz regelmäßig hier vorkommen, denn es sind regelrecht ausgetretene Straßen vorhanden, wie ich sie ja schon von Innerafrika her kenne. Sie führen im Zickzack die Hänge hinauf und hinab und sind mit geradezu bewundernswerter Berechnung und mit dem Geschick erfahrener Baumeister angelegt. Eine sehr nette Feststellung konnte ich dabei machen. An einer Stelle des Pfades hatte nämlich ein großer Stein gelegen, halb über dem Gehänge, halb auf dem Wege. Dieser Stein war ausgebrochen und in die Tiefe hinabgerollt. Er allein aber konnte unmöglich in dem dichten Grase und Gebüsch, das den Hang nach unten hin bedeckte, die greuliche Verwüstung angerichtet haben, die ich bemerkte. Es war, als ob eine große Walze da hinabgerollt wäre und alles niedergequetscht hätte, was ihr im Wege lag. Die Folgerung daraus führte notwendigerweise zu einem sehr ergötzlichen Ergebnis: einer der Elefanten hatte in der Dunkelheit den Stein -- und zwar auf seiner überhängenden Seite -- betreten, vielleicht gedrängt von anderen Mitgliedern der Herde. Der Stein war ausgebrochen, der Elefant hatte das Gleichgewicht verloren und einen großartigen Purzelbaum nach unten geschossen. Von der Tiefe herauf führte auch wirklich ein einziger Pfad nach dem oberen Wege zurück. Der schwere Sturz hat also offenbar dem Riesentiere nichts geschadet.«

Elefantenjagd auf der Reise des Herzogs Ernst von Sachsen-Koburg-Gotha nach Ägypten und den Ländern der Habab, Mensa und Bogos. Zur Reisegesellschaft gehörte auch der Maler Robert Kretschmer, von dem zwanzig große vielfarbige Arbeiten nach der Natur in dem Reisewerk des Herzogs (Leipzig, 1885) veröffentlicht wurden. Eines dieser vielfarbigen Bilder ist hier einfarbig wiedergegeben.

Der Herzog war nun doch nachdenklich geworden: »Auf Ihre Verantwortung hin, Herr Doktor, können wir ja in den nächsten Tagen mal einen Versuch in jener Gegend wagen. Aber wehe Ihnen, wenn überhaupt keine Elefanten da sind. Sie wären heillos blamiert, Herr Doktor!« -- »Darauf will ich es ruhig ankommen lassen,« meinte Brehm lächelnd. -- »Und ich bin schon ganz begeistert von der Geschichte,« rief der bekannte Weltreisende und Schriftsteller Gerstäcker, der gleichfalls mit von der Partie war. »Ich möchte das, was Freund Brehm gesagt hat, Wort für Wort beschwören, weiß ich doch aus eigener Erfahrung, wie wunderbar groß die Anpassungsfähigkeit der Tiere ist. Warum sollte sich da ein so kluges Tier wie der Elefant nicht auch an das Gebirgsleben gewöhnen können und darin mit seinem zwerghaften Vetter, dem Klippschliefer wetteifern? Also heisa! Es gibt eine Elefantenjagd!« Sie fand wirklich einige Tage später statt und gab Brehms Behauptungen glänzend recht. Es war ein überwältigend großartiger Anblick, wie die aufgeregte Elefantenherde laut trompetend mit erhobenen Rüsseln und weit abgespreizten Riesenohren den steilen Berghang herunterstürmte, daß die Steine nur so stoben.

Brehm hatte auf dieser abessinischen Reise kaum eine ruhige Minute. Von früh bis spät war er unausgesetzt und angestrengt tätig. Er war Reisemarschall, Expeditionsführer und Jagdleiter in einer Person, es lastete also allzuviel auf ihm. Es war nicht leicht, die verwöhnte und vielköpfige Jagdgesellschaft unter einen Hut zu bringen und zufriedenzustellen, zu der auch die jagdkundige Herzogin und der begabte Tiermaler Robert Kretschmer gehörten, der später das »Tierleben« so ausgezeichnet illustriert hat. Zu allen anderen Hemmnissen kam nach kurzer Zeit noch Brehms alter Feind, das klimatische Wechselfieber, das ihn namentlich während des zweiten Teils der Reise zeitweise völlig schachmatt setzte. Überdies dauerte der Aufenthalt in Afrika nur wenige Wochen, und so verbot schon die Kürze der Zeit eine eingehende wissenschaftliche Tätigkeit in einem Lande, das bereits durch Gelehrte vom Range eines Rüppell und eines Ehrenberg ziemlich gut erforscht war. Brehm war der großen Reisegesellschaft im März 1862 über Kairo, Aden und Massaua nach Habesch vorausgeeilt, um geeignete Lagerplätze auszusuchen und wildreiche Jagdgründe festzustellen. Diese 14 Tage, die er für sich allein in freier, tierreicher Wildnis weilte, ließen eigentlich die einzige Muße für seine wissenschaftlichen Beobachtungen. Und trotz alledem brachte gerade diese unter einem so unguten Stern stehende Reise nach den Bogosländern reiche Ernte. Es ist jedenfalls erstaunlich, welch überraschende Fülle von Neuartigem und wissenswertem Brehm hier in der kurzen Zeit zusammengetragen hat und wie großartig er diese Beobachtungen später für sein »Tierleben« zu verwenden wußte. Vielleicht ist seine geniale Begabung für die Tierforschung und Tierbeobachtung niemals so glänzend zutage getreten wie gerade hier unter so widerwärtigen Verhältnissen. Namentlich mit dem merkwürdigen Klippschliefer und verschiedenen größeren Affenarten wurde er hier näher bekannt. Vor allem fesselten ihn die ebenso kraft- und mutvollen wie klugen und überlegenden Mantelpaviane.

Mantelpaviane, eine Art größerer Affen, die Brehm auf seiner Reise nach
Abessinien oft traf.
(Nach einer Photographie von Carl Hagenbeck, Stellingen, 1928)

Einmal begegnete die langauseinandergezogene Karawane einer großen Herde dieser stattlichen Tiere, die auf einem Felsgesims saß, etwas höher als Büchsenschußweite. Zuerst ließen die Paviane nur ihre gewöhnlichen bellenden Laute vernehmen. Als sie aber die vielen, ungewohnt weißen Menschen erblickten, kamen sie in Erregung und Bewegung, und nun hörte man von ihnen auch ganz andere Stimmen. Die alten Männchen brummten und grunzten wie Raubtiere oder Schweine, die jungen quiekten und kreischten wie Ferkel. Einige besonders eifrige Jäger stiegen die Felswand hinan und eröffneten das Feuer. Nach den ersten Schüssen erhob sich ein Stimmengewirr, das jeder Beschreibung spottete. Die allerverschiedensten Töne wurden laut: alles quiekte, kreischte, schrie, grunzte, brüllte und brummte wirr durcheinander. Alles flüchtete nach der entgegengesetzten Seite des Berges zu. Bei Schüssen aus größerer Nähe hielten sämtliche Affen an, schrien entsetzlich auf und faßten die Felsen, als wollten sie sich versichern, daß sie nicht heruntergeworfen würden. Weibchen und Junge verließen augenblicklich alle den Geschossen zugängliche Felsplatten, die Männchen aber rückten abwechselnd bis an den Rand der Gesimse vor und schauten wutfunkelnden Auges in die Tiefe, ihren Ingrimm durch heftiges Schlagen mit der Hand auf den Felsen bezeugend. Sie gingen sogar zum Angriff über, wenn auch nicht mit Händen und Zähnen, so doch dadurch, daß sie große Steine herausrissen und auf die menschlichen Störenfriede herabrollten. Man hatte genug zu tun, um diesen gefährlichen Geschossen auszuweichen. Mehrere Minuten war der Steinhagel so arg, daß er das schmale Alpental vollständig versperrte und die ganze Karawane zum Halten zwang. Es war eine richtige Affenschlacht! Ein besonders starkes Affenmännchen erstieg sogar mit einem großen Stein im Arme mühsam einen Baum und schleuderte dann von dessen Wipfel aus sein Geschoß mit um so kräftigerem Nachdruck und mit größerer Sicherheit. Ein Leopard gedachte bei diesem Kampfe im Trüben zu fischen und stürzte sich auf einen schwer angeschossenen Pavian. Aber die aufmerksamen Affen hatten den Mordanfall eher gesehen als die blindlings ihrer Jagdlust frönenden Menschen. Ungeachtet ihrer Angst vor den fortgesetzt fallenden Schüssen rückten sie sofort auf der Platte vor, und einige alte Männchen machten sich fertig, nach unten hinab zu klettern, um dem Angefallenen zu Hilfe zu kommen. Ihre Aufregung war furchtbar, ihre Wut überstieg alles, was Brehm je bei Affen beobachtet hatte.

Die Herde ging schließlich weiter unterhalb auf die andere Talseite hinüber und stieß dabei abermals mit der Karawane zusammen. Die mitgeführten Hunde, mutige Tiere, gewohnt, jeder Hyäne entgegenzutreten, stutzten einen Augenblick und stürzten sich dann mit freudigem Gebell auf die Paviane. Im Nu waren sie mitten unter der Affenherde, aber ebenso rasch auch von den stärksten Männchen der Paviane umringt und förmlich gestellt. Brüllend und wutschnaubend zeigten die Affen ihre fürchterlichen Gebisse den Hunden in so bedrohlicher Nähe, daß diese es vorzogen, vom Kampf abzustehen und beim Menschen Zuflucht zu suchen. Während sie von neuem ermuntert und angehetzt wurden, hatten die Affen ihren Weg fortgesetzt und bis auf wenige Nachzügler das Tal überschritten. Unter diesen Nachzüglern befand sich ein kleiner, etwa halbjähriger Bursche, der etwas entfernt von den andern seines Weges ging. Auf ihn hetzte man jetzt die Hunde. Sie gingen an und hatten bald den Affen, der auf einen Felsblock geflüchtet war, regelrecht gestellt. So schnell als möglich eilten die Menschen den Hunden zu Hilfe, sich schon mit der Hoffnung schmeichelnd, den jungen Pavian lebendig fangen zu können. Allein diese Hoffnung wurde gänzlich vereitelt. Auf das jammervolle Zetergeschrei des geängstigten Jungen hin kehrte nämlich vom andern Ufer her ein gewaltiges Männchen zurück, um ihm beizustehen. Ernst und würdevoll durchschritt er das Tal; ohne sich um die Hunde auch nur im geringsten zu kümmern, ging er schnurstracks auf sein Ziel los, mitten durch seine verblüfften Feinde hindurch, sprang auf den Felsen zu dem Jungtier, ermunterte es durch allerlei Zeichen und Gebärden, mit ihm zu gehen, und geleitete es dann ruhig und furchtlos nach dem andern Ufer, in dessen Dickicht beide alsbald verschwanden. Die Hunde setzte er durch wütendes Grunzen derart in Furcht, daß keiner es wagte, ihn oder seinen Schützling anzugreifen.

In Westsibirien

Die tote Steppe Westsibiriens, einen Tagemarsch von Semipalatinsk, sonst nur der Tummelplatz von Steppenkiebitzen, Rotfußfalken und kohlschwarzen Mohrenlerchen, hatte sich über Nacht plötzlich mit lärmendem und buntscheckigem Leben erfüllt. Bei einem tropfenweise rinnenden Wässerchen standen eine Reihe besonders großer und schöner Jurten (Filzzelte), außen zierlich geschmückt mit kunstvoller Näherei und aufgeheftetem bunten Zierat aus stilvoll verschnörkelten Tuchflittern, innen mit kostbaren Teppichen und seidenen Decken, die rings an den Wänden hingen und den Boden bedeckten. Diese heimeligsten und vollkommensten aller Zelte beherbergten augenblicklich den weitgebietenden Statthalter des russischen Zaren, den General Poltaratzky nebst Familie und Gefolge, und bei ihm befanden sich als hochgeehrte Gäste drei Deutsche, unser Brehm, sein Berufsgenosse Dr. Otto Finsch aus Bremen und ein württembergischer Offizier, Graf Waldburg-Zeil-Trauchburg, die im März 1876 gemeinsam eine Forschungsreise nach Westsibirien angetreten hatten. Der General hatte sie mit echt russischer Gastfreundschaft zu einer Treibjagd auf Archare, die riesigen Wildschafe dieses Landes, eingeladen und dazu als ortskundige Gehilfen auch die in der Umgegend ansässigen Kirgisen aufgeboten. Und sie waren alle erschienen: Sultane, Gemeindevorsteher und andere Vornehme des Volkes der Steppe mit Schützen und Treibern und Stegreifdichtern, Jagd- und Rennpferden, mit gezähmten, auf Fuchs und Wolf, Murmeltier und Antilope abgetragenen Steinadlern, langhaarigen Windhunden, Kamelen und Saumtieren und was noch sonst erforderlich ist nach des Landes Brauch und Sitte. Das war so recht etwas für Brehm, der so gerne fremde Völker beobachtete und ihre Sitten ergründete.

Es herrschte eine etwas gedrückte Stimmung, denn der soeben beendigte erste Jagdtag war durchaus nicht nach Wunsch verlaufen. Ein Wolf war gefehlt worden, und das einzige Wildschaf im Triebe hatten die nächststehenden Schützen gar nicht bemerkt. Man hatte sich dann an reichbesetzter Tafel niedergelassen, aber da hatte plötzlich lauter Zuruf die Schmausenden aufgeschreckt. Aufspringend sah man fünf stattliche Archarböcke über das Gefels dahineilen, die sich dem Trieb in einem Seitental entzogen gehabt hatten.

Eiligst griff alles nach den Büchsen, warf sich auf die Pferde und jagte dem edlen Wilde nach. Zu spät! Obwohl die Schafe nur trabten, war doch in dem unwegsamen Gelände kein Pferd imstande, sie einzuholen. Ruhig, stolz und bedachtsam waren sie weitergezogen und bald im zerklüfteten Gefels entschwunden. Man unterhielt sich jetzt über dieses unerhörte Mißgeschick. »Für mich war es überhaupt keines,« sagte Brehm, »denn ich hatte doch das Glück, die gewaltigen Tiere hier in ihrer Heimat frei und in voller Bewegung zu sehen. Und dann war doch das ganze Bild dieser Gebirgsjagd mit berittenen Treibern so eigenartig und fesselnd, wie eine Jagd überhaupt nur sein kann.« --

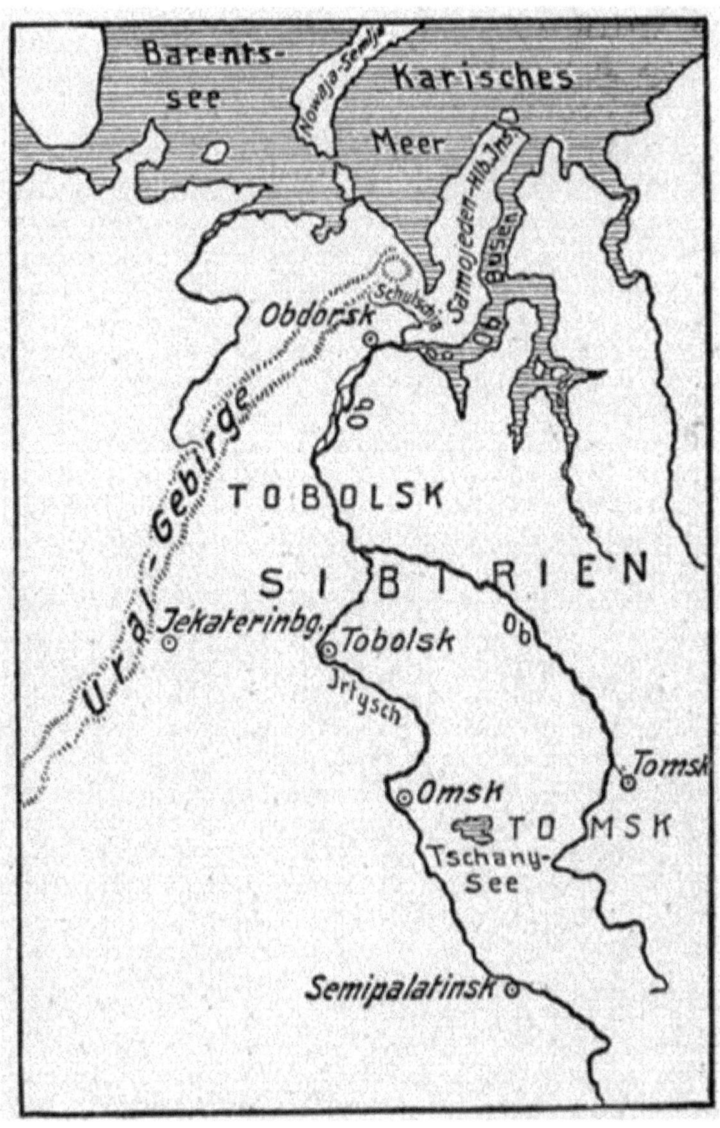

Kartenausschnitt zu Brehms Reise nach Westsibirien

»Sehr richtig,« stimmte Finsch bei, »und morgen ist ja auch noch ein Tag.« -- »An dem uns die launische Diana hoffentlich etwas huldvoller gesinnt sein wird als heute,« seufzte der schießlustige Graf.

Der nächste Morgen war bitter kalt. Wohl achtzig Reiter zogen diesmal in buntem Getümmel hinaus zum Felsengebirge. Hinter ihnen drein stelzten Kamele, mit einer Jurte, Küchengerät und Lebensmitteln befrachtet. Der Trieb begann. Reitend erkletterten die Treiber den steilen Höhenzug. Hier und da erschien einer von ihnen auf der Spitze der Felsen, die er erklommen, verschwand aber bald darauf wieder im Gestein. Kein einziger von ihnen wich trotz der Schwierigkeit des Geländes von der ihm angewiesenen Richtung ab. Wie Ziegen kletterten die belasteten Pferde in den Felsen umher, denn wo noch eine Ziege ihren Pfad findet, da kommt auch der kirgisische Reiter noch durch. Einem geübten Bergsteiger boten die Granitwände und Kegel allerdings nirgends unüberwindliche Schwierigkeiten, aber Reiter hatte Brehm doch niemals in derart zerklüftetem Gelände den Weg suchen und finden sehen. Stundenlang währte der Trieb, das bewegungslose Ausharren auf den angewiesenen Ständen wurde bei dem eisigen Schlackwetter zur Qual. Ein Wildschaf mit zwei Lämmern zog in mehr als doppelter Schußweite an Brehm vorüber, von den Böcken keine Spur. Schon näherte sich der Trieb seinem Ende. Da endlich rieselten Steine hoch oben über Brehm, und wenige Minuten später stieg ein starker Archarbock, meist durch Felsen gedeckt und nur für Augenblicke sichtbar werdend, in Büchsenschußweite neben Brehms Stand in die Tiefe. Endlich zeigte er sich frei, und dröhnend hallte Brehms Schuß durch die Felsenwildnis. Sichtlich krank zog der Bock, von Zeit zu Zeit stehen bleibend, langsamer dem gegenüberliegenden Gebirgszuge zu. Ein zweiter Schuß, schon aus zu großer Entfernung abgegeben, blieb wirkungslos. Schnell entschlossen verließ Brehm seinen Stand, durcheilte das Tal und kletterte dann an der jenseitigen Bergwand empor, so rasch es das Gefels und die Lunge nur irgend gestatten wollten, um sich in einem Querschnitt des Kammes erneut anzusetzen. Der erfahrene Tierkenner hatte richtig berechnet. Noch keuchte die Brust und zitterten die Glieder von der gewaltigen Anstrengung, als dasselbe Wildschaf hoch über ihm auf die äußerste Kante des Felsens trat, um zu sichern. Aber noch ehe es den Jäger erspähen konnte, hatte ihm dessen sichere Kugel das Herz durchbohrt, und wie ein schwerer Felsblock stürzte es leblos herab, staunender Jubelruf aus zwanzig Kirgisenkehlen hallte im Gebirge wider, von allen Seiten sprengten und kletterten Reiter herbei, vier kräftige Männer schleppten mühsam die schwere Beute zur Tiefe. Allseitig beglückwünscht, ritt man heim zu den Jurten. Die Kirgisen rühmten Brehms Jägergeschick und Treffsicherheit, die Gefährten sein Jagdglück.

Vor den Jurten wogte es in buntem Durcheinander. Unter lebhaftestem Gebärdenspiel gaben diejenigen Steppenleute, die dem Schluß der Jagd beigewohnt hatten, ihren Gefährten Bericht. Brehm war zum Helden des Tages geworden und hatte selbst den Sänger des Stammes begeistert, denn der ließ in langem Vorspiel seine einfache Laute erklingen und hob dann einen Gesang an, in dem er den General und seine Gemahlin und die übrigen Europäer mit seiner »roten Zunge« begrüßte und dann des deutschen Forschers jagdlichen Erfolg verherrlichte. Der Tag wurde zum Feste. Die Jagdfertigkeit der Kirgisen hatte man zur Genüge kennen gelernt, ihre Steinadler und Windhunde mit gebührender Teilnahme betrachtet, den Worten ihres Sängers bewundernd gelauscht. Nunmehr mußten Ringer und Rennpferde ihre Kräfte üben. Reckenhaft gebaute Männer stellten sich einander zum Wettkampf; hochedle, wenn auch nach unseren Begriffen nicht vollendet schöne Pferde, geritten von sechs- bis achtjährigen Knaben, stürmten in die Steppe hinaus, um im Wettlauf vierzig Kilometer auf pfadlosem Gelände zurückzulegen. Beide, Ringkämpfer wie Rennpferde, entzückten durch ihre Leistungen Kirgisen wie Europäer. Es war wohl einer der stolzesten und schönsten Tage in Brehms reichem Forscher- und Jägerleben.

Obwohl die deutsche wissenschaftliche Expedition nach Westsibirien in ihrem ganzen Verlauf von der russischen Regierung auf das großzügigste unterstützt und gefördert wurde, hat sie durch eine Verkettung widriger Umstände ihr eigentliches Endziel doch nicht erreicht. Man war von Tomsk aus fast 400 geographische Meilen weit den majestätischen Ob hinuntergefahren, der ein größeres Stromgebiet umfaßt als alle Ströme Westeuropas zusammengenommen. In einem Tale, dessen Breite zwischen 10 und 30 Kilometer wechselt, strömt er dahin, mit unzähligen Armen zahllose Inseln umschließend, oft zu unabsehbarer seeartiger Fläche sich breitend. Weidenwaldungen in allen nur erdenklichen Wachstumszuständen decken die ewig durch die umgestaltenden Fluten bewegten, bald ihnen verfallenen, bald wieder neu von ihnen aufgebauten Ufer und Inseln. Arm und ärmer wird das Land, dürftiger und lichter werden die Wälder, unansehnlicher und armseliger die wenigen Siedlungen, je weiter man stromabwärts kommt. An die Stelle des Bauern tritt der Fischer und Jäger, an die Stelle des Viehzüchters der Renntierhirt. An der Schtschutschja wurde die letzte russische Niederlassung erreicht, von hier aus sollte es mit Hilfe von Ostjaken, die in kegelförmigen Hütten aus Birkenrinde (sog. »Tschum«) hausen, auf Renntierschlitten durch die unendlich vor den Reisenden sich ausbreitende Tundra weitergehen. Alles hatte Brehm auf Grund seiner Erfahrungen für diese schwierige Reise aufs beste und bis in die geringsten Kleinigkeiten hinein vorbereitet, und doch erlag er einem ebenso unerwarteten wie furchtbaren Gegner, dem er erliegen mußte, weil er ihn nicht kannte, sich also auch nicht gegen ihn wappnen konnte.

An der Schtschutschja waren wider alles Erwarten keine Renntiere aufzutreiben. Es hieß, die Herden ständen neun Tagereisen entfernt auf bestimmten Weideplätzen im Ural, und so blieb nichts weiter übrig, als die Reise mit Fußmärschen zu beginnen und alle Beschwerden und Entbehrungen einer langen Wanderung durch unwegsames, nahrungsloses, mückenerfülltes, menschenfeindliches und nahezu unbekanntes Gebiet auf sich zu nehmen. Erst nach langen Beratungen mit den freundlichen, aber unsäglich schmutzigen Eingeborenen wurden die Reisevorbereitungen beendigt, sorgfältig die Lasten abgewogen, die jeder auf seinen Rücken laden sollte; denn drohend stand das Gespenst des Hungers vor den mutigen Forschern. Unverrichtetersache umkehren wollten sie aber keinesfalls, obwohl sie wußten, daß nur der Wanderhirt, nicht aber der Jäger imstande ist, sein Leben in der Tundra zu fristen, obwohl sie die unsagbaren Mühseligkeiten ahnten, die der pfadlose Weg, die Wetterwendigkeit des Himmels, die Unwirtlichkeit der Tundra überhaupt bereiten würden, und die entsetzlichen Qualen, die das unerschöpfliche Heer blutgieriger Stechmücken mit sich bringt.

In kurze Pelze gehüllt, keuchend unter der dem Rücken aufgebürdeten Last, stapften sie, ununterbrochen Tag und Nacht, von den Mücken gequält und zerstochen, mühselig durch traurige Einöde, alle halbe Stunden vor Erschöpfung umsinkend und doch der Mücken wegen ohne Erholung. Unfreundlicher, als es geschah, kannte die Tundra die deutschen Gelehrten nicht gut empfangen. Unablässig peitschte der Wind feinen, eiskalten Regen in die Gesichter, und in den durchnäßten Pelzen mußte man sich auf den wie ein Schwamm mit Feuchtigkeit vollgesogenen Moosboden niederlegen, ohne ein schützendes Obdach über, ohne ein wärmendes Feuer neben sich, unablässig gequält von den entsetzlichen Mückenschwärmen. Man kam aber doch wenigstens vorwärts, wenn auch nur langsam, und groß war die Freude, als Brehms Fernrohr eines Tages zwei einsame Tschums erkennen ließ und um sie herum eine Menge Renntiergestalten. Beglückt eilte man darauf zu; jetzt mußte ja alle Not ein Ende haben, und eine erfolgreiche Fortsetzung der Reise erschien gesichert. Aber Entsetzen weitete Brehms Blicke beim Näherkommen, denn der Anblick, der sich ihnen bot, war furchtbar und grauenhaft. Um die ärmlichen Behausungen herum lagen zu Dutzenden verendete Renns, Hirsche, Tiere und Kälber; andere wanden sich in den letzten Zuckungen, und auch die noch aufrecht stehenden trugen schon den Tod im Herzen, wie der weiße, blasige Schleim vor Maul und Nase deutlich verriet. Kein Zweifel -- hier wütete der Milzbrand, die fürchterlichste, auch für den Menschen gefährlichste aller Viehseuchen, ein unerbittlicher, ohne Wahl und Gnade vernichtender Todesengel, der in Asien ganze Völkerschaften verarmen macht und dessen verderbenbringendem Würgen der Mensch ohnmächtig gegenübersteht.

Verzweiflungsvoll, wie vor den Kopf geschlagen, irren die ostjakischen Besitzer der Herde zwischen den sterbenden und verendenden Tieren hin und her, um in sinnloser Gier so viel zu retten, wie zu retten noch möglich ist. »Obwohl nicht unkundig der furchtbaren Gefahr, der sie sich aussetzen, wenn auch nur der geringste Teil eines Blutstropfens, ein Stäubchen des blasigen Schleimes mit ihrem eigenen Blute sich mischt, obschon vertraut mit der Tatsache, daß bereits Hunderte ihres Volkes unter entsetzlichen Schmerzen der unheilvollen Seuche erlagen, arbeiten sie doch mit allen Kräften, um die vergifteten Tiere zu entfellen. Ein Beilschlag endet die Qualen der sterbenden Hirsche, ein Pfeilschuß das Leben der Kälber, und einige Minuten später liegt das Fell, das noch nach

Wochen ansteckend wirken kann, bei den übrigen, tauchen die blutigen Hände den vom Leibe der Kälber losgelösten Bissen in das in der Brusthöhle des erlegten Tieres sich sammelnde Blut, um ihn roh zu verschlingen, Schinderknechten gleichen die Männer, scheußlichen Hexen die Frauen, im Aase wühlende, blutbeschmierte, bluttriefende Hyänen sind die einen wie die andern; achtlos des über ihrem Haupte schwebenden, nicht an einem Roßhaar, sondern an einer Spinnwebe aufgehängten, toddrohenden Schwertes zerren und wühlen sie weiter, unterstützt sogar schon durch ihre Kinder, von halberwachsenen Knaben an bis zu den von Blut triefenden, kaum dem Säuglingsalter entwachsenen Mädchen herab.«

Renntiersuche auf der Tundra Sibiriens.
Nach der Natur gezeichnet von D. Finsch im Jahre 1877

Für fünf der gierigen Schlinger wurde dieses widerwärtige Schwelgen zur Todesmahlzeit. Entsetzt verließ Brehm mit den Seinen diese Stätte des Grauens. Einige anscheinend noch gesunde Renntiere nahm man mit. Aber auch sie trugen schon den Todeskeim in sich und brachen unterwegs zusammen. Wieder Fußmarsch mit all seinen Beschwerden durch weglosen Morast bis zum nächsten Weideplatz. Das Gespenst des Hungers bedrohte die bis zum Tod erschöpften Männer! Regelmäßige oder ausgiebige Mahlzeiten gab es nicht mehr. Es war schon ein besonderer Glückstag, wenn es einmal gelang, einen armseligen Regenpfeifer zu erlegen oder eine Doppelschnepfe oder ein Moorhuhn. Gierig hockten dann die drei ausgehungerten Deutschen um den Bratspieß herum und verzehrten die wenigen schmalen Bissen. Endlich wurde der neue Weideplatz erreicht. Auch hier dasselbe Bild! Auch hier wütete die Seuche! Es half alles nichts: Brehm mußte sich zur Umkehr entschließen, ohne das ersehnte Polarmeer erreicht zu haben, wollte er nicht leichtsinnig das Leben der Gefährten aufs Spiel setzen. In sehr ernster Stimmung und unter immer fühlbarer werdendem Mangel zog man wieder der Schtschutschja zu. Unterwegs erlag noch einer der ostjakischen Begleiter, ein besonders heiterer und williger Bursche, der furchtbaren Seuche und wurde nach heidnischer Sitte in der weiten Tundra begraben. Brehm hatte einmal das Glück, eine ganze Familie Wildgänse zu schießen, und an diesem Tage konnte man sich zum ersten Male wieder satt essen, ohne um den einzelnen Bissen zu kargen. Alle atmeten erleichtert auf, als sie die Fluten des Ob wieder erblickten. Es war ihnen, als seien sie der Hölle entronnen. »Nach der Tundra ziehe ich wenigstens nicht wieder,« hat Brehm später freimütig geäußert.

Im übrigen pflegte er zu sagen, daß die sibirische Reise, die er mit Vorliebe in seinen herrlichen Vorträgen behandelte, mehr einer Hetzjagd als einer Forschungsreise geglichen habe. In der Tat, soviel ihm im Sudan das Fieber zu schaffen machte, soviel auf seinen späteren Reisen der leidige Zeitmangel, weder in Spanien noch auf der Donau, weder in Sibirien noch in Abessinien verblieb ihm genügend Zeit, seine Beobachtungen in der gewünschten Weise abzuschließen und abzurunden. Gerade auf Forschungsreisen wird die Zeit zum kostbarsten aller Güter, Mangel an Zeit aber zum schlimmsten Feinde des sammelnden Forschers. Mehr als jeder andere Reisende muß er die Stunde, den Augenblick in seiner Weise wahrnehmen können, ohne sonstwie behindert zu sein. Eine einmal gebotene Gelegenheit kehrt oft niemals wieder. »Freie Zeit« gibt es für den sammelnden oder beobachtenden Forscher nicht, denn die Zeit ist es, die für ihn das alleinige, allzeit notwendige Mittel zur Verständigung mit der Natur ist und bleibt.

Mit dem Kronprinzen Rudolf auf der unteren Donau

Kronprinz Rudolf von Österreich kam an einem schönen Frühlingsabend des Jahres 1877 von anstrengender Adler- und Geierjagd aus den versumpften Auenwäldern der Donau beim Draueck zurück. Sein Wagen durchfuhr in flottem Trabe die kleine Ortschaft Kovil, an deren Landungsstelle ein schmucker Räderdampfer als gegenwärtiges Standquartier des Erben der habsburgischen Kaiserkrone vor Anker lag. Zwischen Ort und Strand zogen sich weite Wiesenflächen hin, die aber seit diesem Morgen knietief unter Wasser standen. Als der Blick des Kronprinzen beim Herauskommen aus dem Städtchen auf sie fiel, bog er sich plötzlich vor Lachen, bis ihm die Tränen in die Augen traten. Zum Teufel, was hatte da dieser Tausendsassa von Brehm wieder angestellt! Er hatte ja ein so unglaubliches Geschick, sich bei der urwüchsigen serbischen Bevölkerung dieser Gegenden beliebt zu machen, ihr Achtung einzuflößen und beides dazu zu benutzen, ihre eigenartigen Nationaltänze, Trachten und Sitten zu studieren. So hatte er schon am Abend vorher auf der grünen Wiesenfläche vor dem Dampfer einen großen Reigentanz (Kolo) veranstaltet, und die Jungfrauen des Ortes waren bereitwillig dem Wunsche des fremden und anscheinend doch sehr vornehmen Reisenden gefolgt. Heute nun wollte Brehm dies kleine Volksfest wiederholen, aber die eingetretene Wiesenüberschwemmung verursachte einige Hindernisse. Brehm thronte deshalb hoch oben auf dem Bugspriet des Dampfers und leitete von da aus die Unterhaltung, die sich in bis über die Knie reichendem Wasser abspielte, was aber den Reiz der Sache in den Augen der Zuschauer nur erhöhte, da die Tänzerinnen gezwungen waren, ihre bunten Kleider durch entsprechendes Hochraffen vor allzu inniger Berührung mit dem feuchten Element zu schützen. Einige Mädchen kamen dann noch auf das Verdeck, um Blumensträuße zu überreichen, und bald darauf setzte sich der Dampfer unter den Hochrufen der gesamten Bevölkerung in Bewegung.

Wie kam nun aber unser Freund zu so vornehmen Beziehungen, wie gelangte er hierher in die weltentlegene Einsamkeit der unteren Donau-Auen? Schon vor Jahr und Tag hatten sich zunächst briefliche Beziehungen zwischen dem bereits zu europäischer Berühmtheit gelangten Forscher und dem hochbegabten Kronprinzen angesponnen, der das lebhafteste Interesse für Vogelkunde zeigte und bald zu einem eifrigen Schüler des von ihm hoch und aufrichtig verehrten Brehm wurde. Bald ergaben sich auch persönliche Zusammenkünfte, die im Laufe der Zeit ein wahres Freundschaftsverhältnis zwischen Thronerbe und Forscher entwickelten. Es war keineswegs bloße Jagdlust, die den später so unglücklich endenden Kronprinzen zur Vogelkunde führte, und er beschäftigte sich keineswegs nur laienhaft oberflächlich mit ihr, sondern er arbeitete ernsthaft, nachdrücklich und erfolgreich mit an den wissenschaftlichen Streitfragen. Damals erregte die »Adlerfrage« die Gemüter und gab zu erbitterten Fehden Anlaß. Man stritt sich darum, ob Stein- und Goldadler verschiedene Arten oder nur verschiedene Färbungsphasen der gleichen Art seien. Der Kronprinz bemühte sich redlich, seinen Freund aus dem weiten Gebiete der vogelreichen Doppelmonarchie mit Adlermaterial zu versorgen, und eines Tages überraschte er ihn gar durch die Frage:

Brehm mit dem Kronprinzen Rudolf von Österreich auf der Jagd in Kroatien.
Nach einer Originalzeichnung für den »Kosmos« von W. Planck

»Wollen Sie mich zu Adlerjagden nach Südungarn begleiten? Ich habe bestimmte Nachrichten von vielleicht 20 Adlerhorsten und glaube, daß wir alle werden lernen können, wenn wir sie besuchen und fleißig dabei beobachten.« Zwanzig Adlerhorste! welche Versuchung für einen im raubvogelarmen Deutschland wohnenden Vogelforscher! Brehm hätte ja nicht der Sohn seines Vaters sein dürfen, wenn er nicht freudig eingeschlagen hätte. Außer ihm nahm auf Einladung des Kronprinzen noch ein zweiter deutscher Ornithologe an der Fahrt teil, der Baron Eugen Ferdinand von Homeyer aus Pommern, ferner der dem Kronprinzen persönlich befreundete Graf Bombelles und Rudolfs Schwager, Prinz Leopold von Bayern. Dem bekannten Wiener Präparator Hodek nebst Sohn und Gehilfen war das Geschäft des Abbalgens übertragen.

Die nur 15tägige Reise, bei der aber jede Minute ausgenützt wurde, gehört sicherlich zu den glücklichsten und ungetrübtesten Zeitabschnitten in Brehms vielbewegtem Leben. Kein Mißklang störte sie, von Anfang bis zu Ende klappte alles tadellos. Das war nun freilich eine ganz andere Stromfahrt als vor Jahren auf dem Nil in gebrechlicher Segelbarke mit widerspenstigem nubischem Schiffsvolk. Jetzt war für das Behagen und die Bequemlichkeit der Forscher in einer geradezu glänzenden Weise gesorgt. Nachts trug das brave Schiff sie mit der Geschwindigkeit und Sicherheit der Dampfmaschine dem neuen Tagesziele zu. Schon im Morgengrauen wurde aufgestanden, rasch gefrühstückt, die erste Zigarre geraucht und dann an Land gegangen, wo schon Wagen oder kleine Boote bereitstanden, um die einzelnen Jäger nach den ihnen zugewiesenen Revierteilen zu bringen. Ortskundige Grünröcke geleiteten sie dann zu Fuß nach den vom Forstpersonal vorher sorgfältig ausgekundschafteten Horsten, und nun hieß es, sich in Geduld zu fassen und Dianas Gunst zu erflehen, um den am Horste an- oder abstreichenden Adler oder Geier zu Schuß zu bekommen, war ein Horst mit oder ohne Erfolg erledigt, so befand sich gewöhnlich noch ein zweiter und dritter in der Nähe, an dem das Weidmannsheil erneut versucht werden konnte.

Den mächtigen Seeadler, den Brehm von Afrika her nur als räuberischen Wintergast kannte, durfte er hier an seiner umfangreichen Knüppelburg belauschen, und den gewaltigen Kuttengeier, den er im Sudan so oft beim Aase gestreckt hatte, konnte er hier von seiner

Kinderwiege mit sicherer Kugel herabschießen. Besonders anregend war es für ihn, die zwischen diesem feigen Riesenvogel und dem kleineren, aber schneidigeren, kräftigeren und gewandteren Steinadler bestehende Todfeindschaft zu beobachten. Der Haß dieser großen Raubvögel gegeneinander ist ganz merkwürdig. Kronprinz Rudolf sah sogar einmal, wie Adler und Geier, in einen einzigen Knäuel verkrallt, sich wütend im Geierhorste herumwälzten, wobei der Horst wankte, Äste brachen und Wolken von Staub aufstiegen, bis schließlich der mächtige Geier herausgeworfen wurde und erschöpft auf einen niedrigeren Ast heruntertaumelte, wo die Kugel des Prinzen seinem Leben ein Ziel setzte. Auf diesen Schuß hin stürzte aber aus dem Horste nicht nur der siegreiche Steinadler hervor, sondern auch das brütende Geierweibchen, auf dessen breitem Rücken sich also offenbar der ganze erbitterte Kampf abgespielt hatte!

Abends kamen alle fünf Jäger aus den verschiedensten Richtungen her mit ihrer Beute wieder beim Schiff zusammen, wo schon ein reichliches Abendessen ihrer harrte und beim Becherklang die gegenseitigen Erfahrungen ausgetauscht wurden, war dann die Verdauungszigarre auf Deck geraucht, so ging es an die Abfassung der Tagebücher, und schließlich wollten auch die erlegten Vögel noch näher untersucht und gemessen sein. Das war namentlich bei den großen Geiern keine ganz angenehme Arbeit, vor der sich deshalb namentlich Prinz Leopold, der einzige noch lebende Teilnehmer dieser Frühlingsfahrt auf der Donau, und Graf Bombelles gern zu drücken suchten. Ohne eine Zigarre im Munde konnte man sich der unheimlich nach faulenden Kadavern duftenden Beute wirklich nicht nähern, und der Kronprinz brachte kein geringes Opfer, wenn er darauf bestand, alle Maße der Tiere ganz genau zusammen mit Brehm zu nehmen.

Der letzte Abend an Bord war eine wundervolle Maiennacht. Die Grillen zirpten laut an den Gestaden des majestätischen Stroms, leise rauschten die Wellen, und die weite ungarische Ebene dehnte sich in verschwommenen Umrissen endlos vor den Blicken. Unzählige Sterne glänzten am Himmel, und die Mondessichel stand klar und silberhell am Firmamente, sich in den Wellen des Stromes widerspiegelnd. Rudolf und Brehm blieben diesmal noch lange Stunden auf dem Verdeck, die herrliche Nacht bewundernd. Sie sprachen von den schönen Erinnerungen dieser Reise und entwarfen Pläne für neue Forscherfahrten. Die Freundschaft zwischen beiden ist nie getrübt worden und hielt trotz mancher Quertreibereien unvermindert bis zu Brehms Tode an, der auch für den Habsburgersproß zu früh kam.

Nach Amerika

Auch die Neue Welt hat Brehm kennen gelernt, freilich nur flüchtig und nicht als Forscher in Wasserstiefeln, Jagdjoppe und Lodenhut, sondern als Vortragsredner in Lackschuhen, Frack und Oberhemd. Er hat wohl keine seiner Auslandreisen so schweren Herzens angetreten wie gerade diese, die seine letzte sein sollte, hatte doch der Würgengel Diphtheritis in seinem stillen, rosenumhegten Heim in Renthendorf seinen Einzug gehalten und alle fünf Kinder ergriffen. Eine hohe Geldstrafe wäre beim Nichteinhalten des Vertrages zu zahlen gewesen, und der Arzt glaubte die beruhigendsten Versicherungen geben zu dürfen. In der Tat genasen vier von den Kindern, aber als Brehm seinen Fuß auf den amerikanischen Boden setzte, traf ihn wie ein Keulenschlag die niederschmetternde Nachricht, daß sein Liebling, der jüngste Sohn, das letzte Vermächtnis der unvergeßlichen Lebensgefährtin, der tückischen Krankheit erlegen sei. Tief erschüttert erledigte er fast mechanisch die schwere Arbeit von 50 Vorträgen, mit echt amerikanischer Rücksichtslosigkeit vorwärtsgepeitscht von seinem unbarmherzigen Manager, bis ihn schließlich im Mississipa-Tale die alte Malaria, der die seelische Aufregung vorgearbeitet haben mochte, niederwarf. Als ein an Körper und Seele gebrochener Greis mit grauem Haar und trübem Blick kehrte er zurück. Schon am 11. November 1884 erlöste den erst 55jährigen ein Schlaganfall von weiteren Leiden. In seinem geliebten Renthendorf hat man den Rastlosen an der Seite des Vaters zur letzten Ruhe bestattet. Der schlichte Grabhügel wölbt sich über einem Edelmenschen im vornehmsten Sinne des Wortes, über einem Manne, auf den sein Vaterland mit Recht stolz sein darf.

Schlußwort

Nicht selten kann man die Meinung hören, daß Brehms Forschungsergebnisse, die ja nun schon 5-8 Jahrzehnte zurückliegen, heute im Zeitalter des Kraftwagens und des Kurbelkastens längst überholt und veraltet seien. Freilich braucht heute der Forscher, dem alle die großartigen Hilfsmittel neuzeitlicher Technik zur Verfügung stehen, zur Ausführung solcher Reisen, wie Brehm sie machte, höchstens so viel Monate, vielleicht sogar nur Wochen wie dieser Jahre, und er bringt nicht nur abgebalgte Tiere, sondern auch mehr oder minder schöne und ehrliche Filmaufnahmen zurück, die dann im Vortragssaale wieder lebendig werden, von solchen Dingen konnte Brehm natürlich noch keine Ahnung haben, aber dafür verstand er mit Wort und Feder besser und anschaulicher zu malen als der photographische Apparat mit seinen lichtempfindlichen Platten. Die mit allen Hilfsmitteln der Gegenwart ausgerüsteten Expeditionen bringen größere Ausbeuten heim, aber in einer Beziehung stehen sie doch vielfach hinter den Brehmschen zurück: in der liebevollen, eingehenden und sorgfältigen Beobachtung der in fremden Ländern angetroffenen Tierwelt.

Gewiß sind seit Brehms Zeiten ungeheure Fortschritte auf den Teilgebieten der Systematik und Tiergeographie, der Anatomie und Entwicklungsgeschichte erzielt worden, aber wenn wir ehrlich sein wollen, müssen wir zugeben, daß dies bezüglich der Kunde vom Tier *leben* keineswegs der Fall ist, daß wir vielmehr in all den zwischenliegenden Jahrzehnten über Brehm doch eigentlich herzlich wenig hinausgekommen sind. Gerade die neueste Zeit hat uns Bücher beschert, die wunderbar bebildert und unterhaltsam zu lesen sind, aber wenn wir sie ihres Schmuckes entkleiden und nach den nackten Tatsachen fragen, so werden mir bald bemerken, daß sie eigentlich nur wenig über Brehm hinausreichen.

Über tredition

Eigenes Buch veröffentlichen

tredition wurde 2006 in Hamburg gegründet und hat seither mehrere tausend Buchtitel veröffentlicht. Autoren veröffentlichen in wenigen leichten Schritten gedruckte Bücher, e-Books und audioBooks. tredition hat das Ziel, die beste und fairste Veröffentlichungsmöglichkeit für Autoren zu bieten.

tredition wurde mit der Erkenntnis gegründet, dass nur etwa jedes 200. bei Verlagen eingereichte Manuskript veröffentlicht wird. Dabei hat jedes Buch seinen Markt, also seine Leser. tredition sorgt dafür, dass für jedes Buch die Leserschaft auch erreicht wird.

Im einzigartigen Literatur-Netzwerk von tredition bieten zahlreiche Literatur-Partner (das sind Lektoren, Übersetzer, Hörbuchsprecher und Illustratoren) ihre Dienstleistung an, um Manuskripte zu verbessern oder die Vielfalt zu erhöhen. Autoren vereinbaren direkt mit den Literatur-Partnern die Konditionen ihrer Zusammenarbeit und partizipieren gemeinsam am Erfolg des Buches.

Das gesamte Verlagsprogramm von tredition ist bei allen stationären Buchhandlungen und Online-Buchhändlern wie z. B. Amazon erhältlich. e-Books stehen bei den führenden Online-Portalen (z. B. iBookstore von Apple oder Kindle von Amazon) zum Verkauf.

Einfach leicht ein Buch veröffentlichen: **www.tredition.de**

Eigene Buchreihe oder eigenen Verlag gründen

Seit 2009 bietet tredition sein Verlagskonzept auch als sogenanntes "White-Label" an. Das bedeutet, dass andere Unternehmen, Institutionen und Personen risikofrei und unkompliziert selbst zum Herausgeber von Büchern und Buchreihen unter eigener Marke werden können. tredition übernimmt dabei das komplette Herstellungs- und Distributionsrisiko.

Zahlreiche Zeitschriften-, Zeitungs- und Buchverlage, Universitäten, Forschungseinrichtungen u.v.m. nutzen diese Dienstleistung von tredition, um unter eigener Marke ohne Risiko Bücher zu verlegen.

Alle Informationen im Internet: **www.tredition.de/fuer-verlage**

tredition wurde mit mehreren Innovationspreisen ausgezeichnet, u. a. mit dem Webfuture Award und dem Innovationspreis der Buch Digitale.

tredition ist Mitglied im Börsenverein des Deutschen Buchhandels.

Dieses Werk elektronisch lesen

Dieses Werk ist Teil der Gutenberg-DE Edition DVD. Diese enthält das komplette Archiv des Projekt Gutenberg-DE. Die DVD ist im Internet erhältlich auf **http://gutenbergshop.abc.de**